新版 日中ことばの漢ちがい

大阪府立大学教授
張 麟声

本書は、2004年に株式会社くろしお出版より出された「日中ことばの漢ちがい」を底本として加筆、編集のうえ新たに出版したものである。

新版の序

　来年正月早々、あるところで漢字文化の話をすることになったので、絶版して数年経つ旧著を再版することにした。

　旧著を執筆した際は、大分県別府市にある立命館アジア太平洋大学に勤めていた。山と海に恵まれた風光明媚な空間に我が身を置いて、「天の時、地の利、人の和」のいずれの角度から見ても、晴れ晴れとした気持ちでいられたあの頃のことを思うと、無性に懐かしい。

　だが、それから13年も過ぎてみると、さすがに世の中も自分自身も大きく変わっている。何よりも、数か月すれば還暦がやってくる。子曰く、「吾れ十有五にして学に志ざす。三十にして立つ。四十にして惑わず。五十にして天命を知る。六十にして耳順う。七十にして心の欲する所に従って、矩を蹈えず。」とあるが、子がおっしゃる通り、私の場合も、五十を過ぎてから「天」によって定められた我が「命」運について悟ることができ、また、来年六十になれば、きっと誰から何を言われようと気に留めることなく、精神的に「不動」の境地にたどり着けるものであろう。「六十にして耳順う」における「耳順う」を、私は「忠言逆耳」の「逆耳」の反対語として捉え、自分に対する不当な言説も、自身が置かれている不遇の環境も、全てあるがままに受け入れられるようになるという精神的境地を指すと理解しているのである。

　思うに二千年前の孔子が言った「六十」は、「満」ではなく、数え年であったはずだ。となれば、私は現在、すでに六十である。3月に揚州に行ったときに綴った以下の七言律詩を知人に見せたら、「ずいぶん開き直っているね」と言われたが、今考えれば、要はその詩にすでに「耳順う」の心境が現れていたようである。ちなみに、以下の訳は岩間眞知子女史の手による。

烟花三月下扬州，	煙花三月、揚州に下る
古运河头万幢楼。	古運河の頭、万幢の楼。
鸥近朱门寻腐肉，	鴎は朱門に近づき、腐肉を尋ね、
鹂鸣翠柳散温柔。	鸝は翠柳に鳴き、温柔を散らす。
隋都梦醒诗弘志，	隋都（揚州）夢醒め、詩に志を弘げ、
唐渡波横酒作舟。	唐渡（揚州）波横るに、酒を舟と作す。
也向茱萸思故旧，	（吾も）また茱萸に向かいて旧友を思い、
青山满目不言愁。	青山満目、愁いを言わず。

　このような年齢、このような心境での改訂版だから、漢文に親しみのある大人の読者層だけを念頭に置いて、一部文言をいじってみた。歴史・領土に関する葛藤が深刻化している中、「日中韓賢人会議」(日本経済新聞社、新華社、中央日報社主催)の提言に基づいて選定された「日中韓共同常用八百漢字表」が、昨年の2014年に公表され、以後、小さからぬ反響を呼んでいる。改訂版の小著が、この漢字文化の新たな「黒潮」の流れに乗って、草の根レベルの人々の心の交流に少しでもお役に立てればと、心より願う次第である。

　旧著はくろしお出版が出してくれ、この度の再版は、日中言語文化出版社の社主関谷一雄さんの御厚意によって可能になった。また、山木眞理子女史には、実に丁寧で適格なネイティブチェックをしていただいた。併せて深甚なる感謝の意を表したい。

2015年12月8日

目次

・新版の序

・旧版のまえがき

1. 「刑事」の「愛人」は「泥棒」の「先生」—— 1
　神も見捨てる凡人・俗人の巻

2. 「熊手」の「料理」に「下水」の「湯」—— 23
　奇想天外な衣・食・住の巻

3. 「猫背」も「脚気」も「呼吸」で「感染」—— 41
　一風変わった身体・疾病の巻

4. 「得意」の「迷惑」で、「疑惑」も「覚悟」—— 55
　世にも稀な心理・情意の巻

5. 「可憐」な「馬鹿」と「下品」な「教養」—— 65
　移り変わる教養・品行の巻

6. 「麻雀」で「出世」、「風俗」が「趣味」—— 77
　何とも言えぬ趣向・趣味の巻

7. 「交際」の「心得」は「遠慮」と「我慢」—— 91
　複雑怪奇な人間関係の巻

8. 「告訴」を「勧告」、「裁判」で「処分」—— 107
　山あり谷ありの社会生活の巻

9. 「今朝」の「案件」は「手紙」の「格式」——123
　　何かとちぐはぐなもの・ことの巻

10. 「完璧」は「無理」でも「便宜」は「一流」——139
　　不情理な基準による属性・評価の巻

・旧版のあとがき　　　　　　　　149
・索引　　　　　　　　　　　　　151

旧版のまえがき

「アジアを旅行していて漢字圏に入り漢字を見るとほっとする」と、私たち日本人はよく口にする。私たちは、日本が漢字文化圏に属していると漠然と考えている。この書は、私たちの日本語についてのこうした「常識」に心地よい揺さぶりをかけてくれる。次々に登場する私たちが常用している漢字語が、あるものは中国語とほぼ同義であったり、まったく異なっていたりするのを、著者は漢字本来の意味や語源への類推、両国の文化的相違に及び、ユーモアをまじえて楽しく私たちに教えてくれる。

著者の張麟声教授とは、私が副学長を務めている立命館アジア太平洋大学の設立準備のときから知己を得て現在に至っている。張麟声教授は日本語教育に従事されるとともに、日本語学・言語学の研究を精力的に進められている。立命館アジア太平洋大学（APU）は二〇〇〇年四月に開学し、今年で四年目を迎えている。APUに籍を置くようになって以後、私と張教授とはAPUの国際大学としてのあり方や研究政策についてよく意見を交わした。新しい大学作りのために、切磋琢磨しながらAPUづくりに励んできた四年間であった。それだけにAPUでの日常的な会話が、私たちにとってお互いの文化を理解しあう貴重な機会であった。

張麟声教授とは、大学の管理運営上の課題についても意見を交わす機会が多かったが、張教授は中国人ならこう考え、こうするだろうとか、日本人の考え方にはこのような特徴があるとか、よく状況解説を試みら

れた。私は、このような会話を通して、意見の相違がどこに起因するかについて理解を深めることができた。また、中国人である張教授と日本人である私との話しの仕方や表現法の相違が、どこから生じるのかを考えるいい機会となった。私は言語学についてはまったくの門外漢であり、張教授の研究業績について語ることはできないが、張教授の率直な人への態度が、私にこのような考察の機会を提供しているように、氏の日本での異文化体験への真摯な態度が教授の研究業績を豊富にしているであろうことは想像に難くない。

　私もこうした経験を通して、日本語のあるいは同じことかもしれないが、日本人の発想法の特徴について考えさせられた。理系出身の私としては、このような発想が日本人の認識の理論構造にいかなる特徴を生み出すのか大層興味をそそられる。張麟声教授は、本書において日常的な用語の日中比較を通して、随所にこうした日中間の発想法の相違を垣間見させてくれる。本書は、このような意味において、張教授の日本での異文化体験が生み出した好著である。近い将来、日中間の論理構造の違いについても分かりやすく説いてくれるだろう。張麟声教授の今後の研究への期待をこめて助言とさせて頂きたい。

　　　　　　　　　　二〇〇四年一月　立命館アジア太平洋大学
　　　　　　　　　　　　　　　　　副学長　慈道裕治

①

「刑事」の「愛人」は「泥棒」の「先生」

神も見捨てる凡人・俗人の巻

愛人

日 あいじん aizin

中 あいれん àirén

　長引く不況のせいか、このごろ「愛人」を持てる人が著しく減ったそうだ。一方、中国では、高度経済成長に支えられて、人々の考え方がますます自由になり、「愛人」という言い方はむしろ時代遅れといった感じ。

　えっ？じゃ、今の中国の人たちは「愛人」だけではなくて？と、驚き半分、妬み半分、ついつい声をあげてしまう方も多いかと思うが、別に中国人が特に何か変わったことをやっているのではなく、ここで問題にしているのはあくまで呼び方の問題だ。

　日本の「愛人」は正当な配偶者以外に作る「愛する人」、あの、小指で表すかわいい存在だ。そして、「愛人」を持てるのは普通金運や権力運の強い男たちで、だから、不景気が続くと、自然に「愛人」が減ってしまう。

　一方、中国語の「愛人」は毛沢東時代以来の、中国なりの男女平等とあいまって、夫や妻のような正式な配偶者を指すことばとして広がり、使われてきた。それが、最近徐々に豊かになってきた中国人は、戦前の上流社会で使われていた「先生（＝夫）」「太太（＝妻）」といった呼称を愛用するようになり、そのために「愛人」のシェアがどんどん減ってしまったのだ。

　もっとも、余った金や余った愛情があると、中国人も「愛人」を作るが、この場合は「情人」や「情夫・情婦」などの言い方でまかない、「愛人」は使わない。

　それから、妻のことを「太太」と呼ぶが、これは何も中国人が「太った」女性が好きだということではない。中国語の「太太」の「太」は「太る」という意味を持たず、「太閤」「太后」の尊称の「太」だ。

日 さいし saisi
中 ちーず qīzi

妻子

　中国の洗濯機の機種に「愛妻号」というのがあり、この「愛妻」が面白い。これだけ言うと、「日本語にも愛妻ということばはあるではないか」と言われそうだが、ちょっと待ったと言いたい。日本語の「愛妻」は普通「愛しい妻」の意味だが、中国語の「愛妻」はどちらかというと「愛妻家」と言う場合の「妻を愛する」ほうの意味で、「愛」は自発的な「愛しい」ではなく、自ら雄雄しく「愛する」ということだ。

　もっとも、この「愛妻」は「愛しい妻」と理解されても大きな誤解を招くことはないが、しかし「妻子」となると、事情は深刻になる。「妻子」に逃げられたという状況を日本語的に解釈すれば、妻も子どもも去ってしまって、天涯孤独の身となってしまっていることだが、これを中国語的に理解すると、妻がいなくなっても、子どもは残ってくれているので、新妻を迎えればすむ（かな？）。つまり、日本語の「妻子」は妻と子どもの両方を指すが、中国語の「妻子」は妻だけであり、「妻子」の場合の「子」はただの接尾語でしかない。ちなみに中国語では「息子」のことを「児子」、孫のことを「孫子」と言い、このようにどれも後ろのほうに補助形式の「子」がついているのだ。

丈夫

- 日 じょうぶ zyôbu
- 中 じゃんふ zhàngfū

　「丈夫」という日本語の単語を初めて見た瞬間、すぐに覚えられたような気がした。同形の中国語の単語の意味を連想して、大変面白く感じたからだ。日本語の「丈夫」は、「丈夫な身体」のように使われたりするが、この「丈夫な身体」を中国語風に読んでみると、「夫の体」になるのだ。なぜなら、中国語では「丈夫」は husband のことだから。

　中国の古典に出てくる「丈夫」は、成人した男性だけを指していたようだ。まあ、古今東西男は頑丈で、女は華奢だという「社会観念」があったから、この「丈夫」ということばは、やがて日本語の中でだんだん強いという意味の形容動詞に変わっていったのだろう。しかし、「丈夫な身体」ならいいが、芥川受賞作には「丈夫な少女」という言い方も登場するから、これを中国語風に読むと、いくら心の広い奥さんでも気になるはずだ。というのは、「丈夫な少女」とは「夫の少女」なので、「少女」をターゲットにするのはいくらなんでもけしからんことだと。

大丈夫

日 だいじょうぶ daizyôbu
中 だーじゃんふ dàzhàngfū

　中国語の「丈夫」は、日本語の「旦那さん」。しかし、だからといって、中国語の「大丈夫」が「大きな旦那さん」かというと、そうではない。ただし、大きな旦那さんではないが、たくましい男、日本流に言えば「丈夫(ますらお)」であることには間違いない。

　日本語の「大丈夫」も、今でこそ「問題ない、心配することはない」の意味で使われているが、昔は「参禅は実に大丈夫のことにして」(『寂室和尚語録』)のように、「立派な男、ますらお」の意味だった。というよりも、むしろ、本来このように「立派な男、ますらお」なのだから、「問題ない、心配することがない」という意味が生まれたのではないか。

　歴史的ないきさつはともかく、現在例えば中国人と筆談するときに、「自分のことは心配することはない」という意味で、自らの鼻を指して「大丈夫」と書くのは慎んだほうがよい。自画自賛と捉えられかねないからだ。

舅・姑

(日) しゅうと・しゅうとめ　syûto・syûtome

(中) じゅう・ぐー　jiù・gū

　もしある中国の女性が「舅」が２人、「姑」が３人いると言うと、あなたはその人の夫の複雑な家族関係を想像してしまうかもしれないが、それは全くの徒労だ。日本語の「舅・姑」というのはそれぞれ夫の父、母を指し、これは古代中国語には通じるが、現代中国語では事情がまるで違う。現代中国語では、「舅」は母親の男兄弟で、「姑」は父親の女兄弟のことだ。母親の男兄弟も父親の女兄弟も複数いることが当然可能で、だから、「舅」が２人、「姑」が３人いるといった話が出てくるのだ。

　一方、まれなケースかもしれないが、「舅・姑」の日本語の意味と中国語の意味とが違っていても、その両方が成立する現実もありうる。つまり、夫の父、母と自分の母親の男兄弟、父親の女兄弟とが絶対相容れない存在ではないのだ。例えば、本人が母親の男兄弟の息子と結婚すれば、母親の男兄弟がイコール夫の父親になるし、本人が父親の女兄弟の息子と結婚すれば、父親の女兄弟が即ち夫の母親になる。昔ほどではなくても、実際中国でも日本でも、このようないとこ同士の結婚は現に存在しているのではないか。

　このような結婚をすれば、「舅」と「姑」は中国語の意味としても日本語の意味としても立派に通用するので、奨励されるべき婚姻形態だと言えるかも。

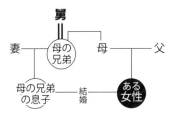

日本語と中国語で『舅』の意味が一致する場合

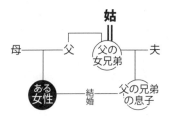

日本語と中国語で『姑』の意味が一致する場合

外人

日 がいじん　gaizin
中 わいれん　wàirén

　「男女の別」、「内外の別」のような言い方は東洋の儒教文化特有のものだと思っていたが、前者に関しては、どうも一部のイスラムの世界におけるその「別」の程度が、より高いらしい。なにしろ１番厳しい中国の封建王朝時代においてすら、せいぜい「男女七歳にして席を同じくせず」程度で、顔ぐらいは自由に見たり見られたりしてもよかったが、一部のイスラムの世界になると、女性は頬も額もすっかり黒い布に覆われていて、見られていいのは目だけだ。

　しかし、「内外の別」になると、どうも世界的に見ても完全に日本のスケールのほうが大きいようだ。中国語では「内人」は「家内」や「妻」の意味で、「外人」は家族や親戚以外の「他人」のことで、あくまでも話し手を中心とする小さな輪の「内・外」に収まっている。だが、日本語の内外は、自分の家の者はもちろん「うち」、そして「うちの学校」や「うちの会社」のように、数千人の学校、数万人の会社も「うち」、ひいては自分の国までも「うち」と言い、自分の国に属さない人はみな「外人」になるのだ。この「外人」に象徴される内外の別は１億を対象とする宇宙レベルのもので、驚嘆すべきスケールのものだ。

鬼

- 日　おに　oni
- 中　ぐい　guǐ

『大地の子』を見ていると、「日本鬼子」という言い方が頻繁に登場するので、日本の方は自ずと「鬼」とは何かと気になるだろう。また気になりつつも、日本の「鬼」のイメージで、それなりに納得してしまっている方も多いのだろう。

日本の「鬼」は普通、「鬼に金棒」のように強いもの、そして「鬼が出るか蛇が出るか」のように恐ろしいもの、それから「心を鬼にして」のように人間の感情を持たない冷酷なものだと考えられている。だから、中国大陸に行っていた日本軍をこうした強くて恐ろしい、冷酷なイメージで理解することも確かにできないことはない。しかし、当時の中国人がこの意味で日本軍を「日本鬼子」と呼んでいたかというと、答えはノーだ。

日本の「鬼」はそもそも神とも人間とも出自が違う別世界の怪物だが、中国の「鬼」は人間が死んでからなるもので、つまり亡霊だ。ただし、生前に大変立派な行いをした人間は、亡くなると直接神や仏になるから、そもそも「鬼」になることがない。また、それほど立派な行いをしていなくても、功徳をある程度積んでいる人も、死んで一旦「鬼」にはなるが、直ちに転生して別の人間に生まれ変わることになっている。したがって、「鬼」は「人間が死んでからなるもの」とは言っても、長期間「鬼界」にとどまり、人間を祟ったりする「鬼」の場合は、そもそも生前からさんざん悪事を働いた人間の滓であるため、それゆえに地獄の呵責に遭い、幽界をさまよわなければならない。この種の「鬼」は確かに恐ろしいし、冷酷そのものだが、でも、そのような属性よりもまず道徳的に人間以下というイメージが強く、したがって「日本鬼子」という言い方は、「日本の鬼畜どもめ」と理解されるべきだ。

公家

(日) くげ kuge

(中) ごんじぁ gōngjiā

　夜、どこかの山小屋で「公家」という字を書き、それから身振り手振りでその帽子の形や服装やらを、まだ「あいうえお」しか知らない中国人に紹介してみよう。すると、その中国人は、まずあなたの顔をまじまじと見詰め、やがて何も言わなくなってしまうかもしれない。でも、それは「公家」のことを「幽霊」とでも思ったからそうなったわけではない。話しているあなたの神経が、正常ではないのではないかと疑い始めたからなのだ。

　日本語の「公家」は、かつて天皇に仕えて宮廷で政治を行っていた貴族たちのことだ。歌も上手に作れて優雅な一群のはずだが、なぜか揶揄（ゃゆ）されることが多く、そのため青（あお）公家（くげ）、糟（かす）公家（くげ）、鍋取（なべとり）公家（くげ）のように、「不敬」だと思われる言い方もたくさんあった。とはいえ、人間である以上、服はまとうし、独特な振舞い方もする。

　一方、中国語の「公家」は人間ではない。反対語が「私人」「個人」であることからも分かるように、「公家」は個人が属する「集団」の意味だ。この意味での「公家」は、もちろん服装などとは縁のない概念なので、その帽子や衣服について身振り手振りで説明すると、あなたの頭が正常かどうか疑われてしまうのだ。

書記

(日) しょき syoki
(中) しゅーじー shūji

ビジネスなどで中国を訪れている方ならば、「李市長」や「王局長」などとともに「〜書記」という呼称をよく耳にしているに違いない。一方、日本では、「田中大臣」、「鈴木次官」というのはあっても、「〜書記」という呼び方はまずないだろう。中国でも日本でも「書記」は職務の一種なのに、中国でそれが呼称になっていて、日本でなっていないのは、ひとえに両国の国情の違いによるものだ。

中国の「書記」は与党共産党の実権を握るポストの名前で、例えば少し前の「江沢民」や「胡錦涛」、現在の「習近平」は「総書記」だ。もっとも、「総書記」は全国に一人しかいないが、その下の省、市、県、郷などの行政区画ごとに、地方政府の指導者としての「書記」のポストがあり、これが中国人の日常生活に一番近いところにいる「書記」たちだ。

このような中国の偉い「書記」たちに対し、日本の「書記」は実につつましい存在で、会議の記録文書の作成、発行、保管などを担当するというのがその仕事だ。中国の「書記」が社長だとすれば、日本の「書記」はその社長に仕える一員にすぎないから、「鈴木社長」と呼ばれることがあっても、「鈴木書記」と普通呼ばれないのは当たり前のことだろう。

もっとも、日本では「書記」は偉くなくても、「書記長」は偉い。日本共産党の「書記長」は自民党などの幹事長に相当するだろう。中国の「書記」も共産党の「書記」だということを併せて考えると、どうも偉い「書記」の伝統は旧ソビエト起源のもので、偉くない「書記」は東洋的なもののようだ。

先生

(日) せんせい　sensei

(中) しえんしょん　xiānsheng

　「先生」の「先」は「先」、「生」は「生まれる」だから、全体の意味としては「先に生まれた人」になる。「先に生まれた人」が「先生」で、「後に生まれた人」は「後生」。今は昔、孔子の『論語』の１節にある「後生畏るべし」の「後生」は、すなわちこのような「後に生まれた若い人」のことだ。「先生」は先に生まれているだけに、教養も経験もあって尊敬すべきだが、後に生まれた「後生」も一生懸命に努力をするので、いつどれだけ立派になるか分からないから、畏れる可きものだ。このあたりは「老いを尊び、幼きを愛でる」儒教文化の言語における投影だと言えるが、時代の移り変わりに伴い、考え方も表現も滄海の変。今日では「後生」という語は、日本ではもちろん、本場の中国でも方言語彙としてしか生きておらず、肝心な「先生」も中国語、日本語の両言語の中で違う形で変容を遂げ、意味にずれが生じた。

　古代中国では長い間「先生」は教師を指していたが、現在の大陸では、主に親しくない男性に対する敬称として使われる。一方、日本では教師のことを引き続き「先生」と称しているが、それに留まらず、代議士、弁護士、医者なども「先生」だ。このように、中国でも日本でも「先生」の本来の意味が何らかの形で生かされているので、それはそれなりによいのだが、両国の人がコミュニケーションの場でうっかり自己流に使った場合には、問題になる。

　例えば日本の若いビジネスマンが中国に行って、中国の会社の役職者に対して、「李さん」とか「王さん」とか呼ぶことはあっても、「李先生」や「王先生」とは普通呼ばない。弁護士でも医者でもないからだ。しかし、「さん」

と呼ばれるだけでは、中国のお偉いさんたちは物足りず、内心カチンと来ることがある。「若僧のくせに俺をぜんぜん尊敬しないのか」と。一方、その若いビジネスマンが、中国で何かの折に中国人から「田中先生」「渡辺先生」と呼ばれることがある。その度に「あれ、この俺が先生なんて」とくすぐったく感じるかもしれないが、まあ、それは中国人が大事にしてくれている証しなのだから、ありがたく思っていればいいのだ。

教頭

- 日 きょうとう kyōyō
- 中 じゃおとう jiàotóu

　日本の学校に「教頭」がいると聞いて、笑った。

　中国語で「教頭」と言えば、数百年前まで、兵隊に武術を教えていた教官を指す。老いも若きも知っている「教頭」というのは『水滸伝』に登場するあの林沖、つまり林教頭だ。武芸に長けていたがゆえに、皇帝を守る八十万護衛部隊を預かる「教頭」を務めるが、奥さんが飛び抜けて綺麗であったために宰相の息子に見初められ、結局それが災いとなり、最後は本人まで陥れられて、やむをえず山に逃げて盗賊の頭領となった人だ。

　誠実な人柄で傑出した武芸の持ち主だから、林教頭のことはみんな大好きだ。しかし、そのイメージと小中学校教育とでは結びつくはずがない。だから、学校に教頭がいると聞くと、教壇の上に時代劇の主人公が立っているような気がするので、吹き出さずにはいられないのだ。

　中国の学校にも、校長を助けて教務をつかさどるポストがもちろんあるが、これは「教頭」とは言わず、「教導主任」という。

先輩

 せんぱい senpai
中 しゃんぺい xiānbèi

　「先輩」「後輩」ということばも、また日中両国に存在するが、かなりの変容を遂げて、今では中国語の意味と日本語の意味とでは大きく違う。その要因は、どうやら「輩」という字にありそうだ。

　中国語の「輩」は「代」や「世代」の意味。したがって「先輩」は自分より前の親の世代、そして「後輩」は自分より後の子供の世代のことだ。相手を尊敬して「先輩」と呼び、自分のことを謙遜して「後輩」と自称するが、基本的に世代の違いというのが背景にあるため、自分よりほんの１、２歳年長の人を「先輩」と呼ぶようなことは、頭の病気を患ってでもいない限り、まずしない。

　これに対して、日本語では「輩」を「世代」ではなくて、「仲間」として捉える。そのために、尊敬や謙譲の意味は同じでも、こちらの「先輩」「後輩」はあくまで同じ世代の中での長幼の別にすぎず、中国語のそれとは雲泥の差だ。

　そこで、中国語を母語とする人の日本語を観察してみよう。その人に世話になっていて、いくら心から感謝し尊敬していても、「先輩」ということばはそれほど使わないはずだ。頭の隅のどこかに、やはり中国の「先輩」の影が残っているからなのだろう。

刑事

(日) けいじ keizi
(中) しんしい xíngshì

　日本の小説の中では、人情とユーモアの両方に富んでいる夏目漱石の作品が一番好きだが、松本清張の推理小説も結構買っている。でも、何冊読んでも、それに出てくる「刑事」ということばには、やはり引っかかるのだ。

　中国語の「刑事」は「民事」と並んで大変硬い法律用語で、日ごろ口にしないばかりか、たとえ犯罪に関する新聞報道の場合であっても、いちいち「刑事」か「民事」かについては言及しない。だから、明快な語り口で綴られている推理小説に「刑事」が頻繁に登場すると、それが警察のことだと知りつつも、何となく心に引っかかってしまう。

　刑法に触れた犯人を捕まえたり、事件を調べたりする警察官のことだから、「刑事」と呼ばれるようになったらしいが、理由はそれだけではないと私は思う。私に言わせれば、日本語ということばは、どうも「〜事」という形が好きなのだ。例えば、ご飯を食べることを「食事」と言い、洗濯したり掃除したりすることを「家事」と言う。しなければならないことを「用事」と言い、火でも起これば「火事」と言う。また、「仕事」、「見事」などに至っては発音こそ異なるが、「事」という漢字が使われている点は同じである。まあ、このあたりの「〜事」は、まだ「こと」を指しているから分かりやすいが、何しろ「判事」に「検事」、「執事」に「知事」のように、人間のことをいちいち「〜事」を使って言うのだから、まったく不思議なことばだ。

　もっともこの傾向は中国語にも影響を与えているので、中国語でも「幹事」と「理事」のようなものは使われている。だが、「刑事」や「判事」となると、さすがに日本語を勉強していない中国人には、全くちんぷんかんぷんなのだ。

経理

日 けいり keiri
中 じんり jīnglǐ

　日本の会社にも中国の会社にも「経理」がいる。でも、日本の「経理」は、高収入、高消費の国だけに、中国の同じ仕事をしている人に比べて給料はいいかもしれないが、しかしそれほど偉い存在ではない。一方、中国の「経理」は堂々と威張れるもので、ことにその前に「総」という字がつくと、多くの人がその前では恭しくしていなければならない。

　手っ取り早く言えば、日本の「経理」は会社の金銭の出し入れを預かるポストにすぎないが、中国の「経理」は支配人、マネージャーのことである。それも超大企業になると、各部門にも「経理」がいるので、全体のマネージャー、すなわち社長は「総経理」になるのだ。

　このように、一口に「経理」と言っても、中国の「経理」と日本の「経理」とでは月とすっぽん。まあ、「経理」になるのなら、やはり中国でなるものだ。

小生

（日）しょうせい syôsei

（中）しゃおそん xiǎoshēng

　その手のものを割合読まされたせいか、二十数年前から手紙などを書いたりするときに、自称には「小生」を使うようになった。だが、最近は使いはするものの、時々くすぐったく感じるようになった。もちろん、それは「小生」というのが文人ぶった言い方だと分かったからではない。自分の年齢が「小生」の年齢の幅と合わなくなったからだ。

　と言っても、中国語の分からない方には何のことなのか分からないだろうが、実は中国語の「小生」は、伝統的な芝居の二枚目の若い男の役を指して言うことばなのだ。二枚目などというのは、若いときから無縁な話だから、元々どうこういうことはもちろんないが、なにしろ年齢的に初老になってきたので、若い男性を指して言う「小生」を自称として使うと、なんだか滑稽に思えてくるのだ。まあ、中国の芝居の役でいくなら、もう「小生」ではなく、「老生」ということばを使うべきなのだろう。

女将

（日）おかみ　okami

（中）にゅうじゃん　nǚjiàng

　東アジアでは、ここ数十年の間戦争は遠ざかり、空爆も銃声も忘れかけているが、それでも「将軍」と言えば、大軍を指揮する偉い存在だと大抵の人は分かるだろう。しかし、これが「女将」となると、中国人のイメージと日本人のイメージとは劇的に大きく分かれてしまう。

　中国語で「女将」と言えば、誰もが思い出すのが「楊門女将」のことだ。物語は北宋時代に遡る。匈奴の度重なる南侵に対して、元帥の楊業とその息子、孫が率いる軍団が壮烈に戦い、一旦終戦を迎えるが、過酷な戦のせいで、楊家一家の男子はほとんど戦死、または行方不明になってしまった。そして数年の休養を経て、匈奴がまたやって来たとき、朝廷には大将になれる人物がおらず、皇帝も大臣たちも困りはてた。そこで、楊元帥の妻、息子の嫁、娘、孫の嫁たちが立ち上がり、女性の将軍ばかりで敵に当たり、これを破って大勝したのである。これが有名な「十二寡婦征西」という物語だ。もっとも、中国の歴史上に女性将軍はほかにもたくさんいるが、それはともかく、ここで言いたいのは、つまるところ中国語で言う「女将」とは、軍を率いて戦う女性の将軍を指すということだ。

　中国の「女将」のカラーが火の色、血の色だとすれば、日本の「女将」は同じ赤でもワイン色。殺伐とした世界とは無縁の料亭や旅館などで、優雅な立居振る舞いと磨き上げられた言葉遣いで客の心を和ませる、いわば癒し系のリーダーである。このような癒しの世界のリーダーをなぜ女将と呼ぶのか、不思議に思われる御仁が多いかもしれないが、私はかえって合点がいった。居酒屋の店主や料理長を「大将」と呼ぶのだから、女主人のことを「女将」と呼んでもいいではないか。

大家

日 おおや、たいか ōya, taika
中 だーじゃー dàjiā

　最初の留学で日本に来た時は、大学のお世話で、一般の日本人のお宅の離れに下宿した。到着した日に、まず大学の係りの方から「オオヤさんの××さんです」と家主さんを紹介してもらったが、「大家さん」という単語を知らなかったので、音が耳に響いただけで、何のことなのかよく分からなかった。

　そこで、夕飯の後、辞書で「大家さん」を調べた。そして、その漢字を目にした途端、思わず心が躍って楽しくなった。中国語の「大家」には二つの意味がある。一つは日本語の「みんな」か「みなさん」に相当し、複数の人が指示対象になる。今一つの意味は、1人に限定して使うものではあるが、この場合はその人が何がしかの学問や技芸で優れた見識や技能を持っている専門家でなければならず、基本的に日本語の「大家（たいか）」と同じだ。

　ところで、昼間にお会いした家主さんは、それは親切で優しいおばさんだったが、しかし、何がしかの「大家」にはとても見えなかった。自分は確かに日本の学問の「大家」をたずねるべく日本にやって来たわけだが、その最初の日に、思いもよらない「大家」に出会ったのだと思うと、笑いをこらえきれなかった。

隠居

日 いんきょ inkyo
中 いんじゅ yǐnjū

　中国では、古い詩文の好きな少年が「隠居」ということばをよく口にする。こういう現象をこちらの日本の中学生、高校生に話しても、おそらく理解してもらえないだろう。その理由は、両言語の「隠居」の意味が大きく違うからだ。

　日本語の「隠居」は、初老の人たちが定年を迎えてその地位やポストから退き、自由気ままに生活することだ。だから、未成年の人が隠居を考えるのは全く似つかわしくないどころか、そもそもその資格を持っていない。

　一方、中国語の「隠居」は、清廉潔白な知識人が醜悪な統治者階層に不満を持ち、それに加わらないで、隠遁（いんとん）生活を送ることだ。だから、有名な陶淵明（とうえんめい）のように、官を辞めて隠居するのもいいし、最初から任官、出仕しないというのも一種の隠居だ。また、中国風のこの種の「隠居」は、往々にして読書三昧のことを意味するのだから、詩文の好きな少年たちが憧れるわけだ。

泥棒

- （日）どろぼう dorobô
- （中）にーばん nîbàng

　「〜棒」と言われたら、日本人がまず思い浮かべることばは「鉄棒」か「平行棒」だろう。ほとんどの人が高校以上の学歴を持っているこの教育先進国の国民は、少年少女時代のあの運動場や体育館での思い出を容易に忘れることはできない。ところで、これが中国人となると、まず同じことにはならない。もちろんそれは、中国人全員が学校を出ているわけではないためではない。漢字をデリケートに使い分けている国だけに、「鉄棒」や「平行棒」は「単杠」「双杠」と言うのだが、そのような体操器具は「杠」であって、そもそも「棒」とは言わないのだ。

　では、そんな中国人がこういう場合にまず何を思い浮かべるかというと、それは「金棒」だ。と言っても「鬼に金棒」の「金棒」ではなく、あの孫悟空が手にしている「金（箍）棒」のことだ。あの「金（箍）棒」があってこそ、孫悟空は天地余すところなく暴れ回り、さまざまなお化けや魔物を退治して、最後まで三蔵法師を守りぬいたのだ。

　ところで、「鉄棒」であろうと「金棒」であろうと、「棒」の前に来るのはその棒を作る材料である。ゆえに「泥棒」ということばを中国人が見ると、「泥」で作った「棒」としか捉えられない。もっとも、大変想像力の豊かな人であれば、もしやチョークもなかった貧しい時代に使っていた字を書くためのものだろうと言ってくれるかもしれないが、それ以上の期待はまず持てないだろう。

　そもそも言語的に考えても文化的に考えても、人のものを盗む「泥棒」が、なぜ「泥」の「棒」なのだろうか。全く不思議な国の不思議なことばなのだ。

②

「熊手」の「料理」に「下水」の「湯」

奇想天外な衣・食・住の巻

一品

日 いっぴん ippin
中 いーぴん yīpǐn

　料理というのは高価なものから手ごろなものまでいろいろあるが、一皿ずつ値段がついていて客が自由に選べるものや、一皿だけの簡単な料理を、日本語では普通「一品料理」という。しかし、日本語の「料理」という単語の意味が分かった中国人に、こういった「一品料理」という言い方を示すと、その人は間違いなく目を丸くしてしまう。

　中国語では「一品」は「ナンバーワンクラスの」という意味で、王朝時代の官僚の階級をいう場合にしか使われない。「ナンバーワンクラスの」官僚となれば、宰相であり、今の総理大臣ということになる。だから、無理やりこれを料理に使うのであれば、せめて豪華な料理が出てきてほしいところだ。ところが、一皿しかない簡単なものを「一品」というので、ランクを間違えるのもはなはだしいと思われてしまうのだ。

料理

(日) りょうり ryôri
(中) りゃおり liàolǐ

食事の時間に、日本語を知らない中国人に向かって「料理」と書いた紙片を見せ、「さあ、行こう」という意味で顎などしゃくって誘ったとしても、その中国人はもっぱら戸惑うだけ。

中国語の「料理」は、「料理実務」「料理後事」のように使われ、前者は「家事を切り盛りする」、後者は「葬式を執り行う」という意味で、すなわち「ややこしい物事を処理する」というのがその「料理」の本来の意味だ。このように日本語と違って、中国語の「料理」はそもそも名詞ではなく、動詞として使われているわけだ。

日本語においても、最初は「国政を料理する」のように「ややこしい物事をうまく処理する」という意味で使われていた。そこからいつしか「食べ物を作る」という意味が生まれ、今では「食べ物」という意味が主になり、「料理」の本来の意味とは無縁なことばになった。言ってみれば「料理」という単語自体まで、日本で「料理」されてしまったのだ。

野菜

- 日 やさい yasai
- 中 いぇつぁい yěcài

　中国人に向かって「野菜がおいしいよ」などと言うと、怪訝（けげん）な顔で見つめられるか笑われてしまうだろう。中国語としての「野菜」の意味は、その文字通り「野生の菜」、つまり「草」なのだ。草にも確かに食べられる種類があり、戦乱や飢餓に見舞われたときに、実際、木の皮や草を食べていた中国人もたくさんいたが、「野菜がおいしい」ということとは話が違う。

　漢字として、この「野」の反対語は「家」で、「家畜」に対する野ウサギや野牛、野葡萄、野蒜（ノビル）の「野」の用法が本物だ。では、なぜ日本語では栽培している大根や白菜のことを「野菜」というのだろうか。暇を見つけて古書でも捲（めく）り、その由来を探ってみたいものだ。

　ちなみに、最近日本では、野蒜も栽培されていると聞く。ひつじも牛もクローンを作ってしまう時代だから、それまで自然にあったものが栽培され、養殖されるようになるのは、時代の潮流である。人は自然を少しずつ自分のものにしていくものだから、大根や白菜も、昔はおそらく「野大根」や「野白菜」があったのであろう。

湯

日 ゆ、とう yu, tô
中 たん tāng

　日ごろ私たちは「水がおいしい」とは言うが、「お湯がおいしい」とは言わない。水をお湯に沸かしてもやはりお茶かコーヒーにするから、白湯(さゆ)を飲むことはまずめったにないし、またたとえ白湯を飲んでおいしく感じたとしても、それはその水自体がおいしいというだけのことであって、別にお湯に沸かしたからおいしくなったわけではないからだ。

　しかし、中国人になると、「湯」と「水」を比べて、水がおいしいと言う人はまずいない。なにしろ、日本の「湯」は水を沸かしただけのものだが、それに対して中国の「湯」、特に高級な「湯」は、海の幸や山の幸におびただしい種類のスパイスを使って作るスープのことだから、「水」よりおいしいに決まっているのだ。

　ちなみに、日本の「湯」にあたる中国語の単語は「開水(カイシュイ)」だ。中国語の「開」は「開く」という意味もあるが、「沸く」という意味ももっているのだ。

灌腸

(日) かんちょう kantyô

(中) ぐゎんちゃん guàncháng

　「灌腸」ということばを目にしたり耳にしたりすると、「いやだ」と眉をしかめる方は少なくなかろう。「灌腸」とは、そもそも便の排出を促すのが目的の行為であるし、ある特定の世界で使われるイメージが付随することもあるので、そう思う方がいても当然だ。

　しかし、これが中国語になると、マイナスイメージを抱く人はそうそういない。無論中国語の「灌腸」も、同じ医療手段を指すことがあるが、それよりもまず先に頭に思い浮かぶのは、おいしい食べ物の名前だからだ。「灌」は「注ぎ込む」の意で、「腸」は同じく「腸」。豚などの腸に肉と澱粉を混ぜたものを詰めて加工すると、「灌腸」、つまり「ソーセージ」になる。

　もっとも、このところ、「灌腸」のことを「香腸」と言うことも多くはなったが。

日 げすい gesui
中 しゃしゅえい xiàshuǐ

　故郷の味を特集した番組を見ていると、幼いときに食べ慣れたものを思い出す。「粟の米のお粥」や「下水」などだ。

　日本語の「下水」は家庭などから出た汚水で、糞尿まで含まれており、口にするものではないが、中国語の「下水」は普通食用にする家畜の内臓、中でも特に豚などの胃や腸を指す。こういった内臓をきれいに洗ってから、八角、胡椒、生姜、陳皮（みかんの皮）などの調味料をたっぷり入れて調理すると、その味は名状しがたいくらいにおいしい。

　日本では、普通は家畜の腸や胃を食べないが、おそらくその匂いが嫌いだからだろう。この辺りは究極慣れの問題で、例えば日本人は魚を日ごろ腸ごと焼いて食べているが、慣れていない人にとっては、このにおいが実は大変だ。

　それはさておき、なぜ「下水」が指すものがこんなにも違ってしまったのかということだが、実は同じように「下水」と書いても、単語としての構造が互いに違うのだ。日本語の「下水」は、「上の水」である「上水」に対する「下の水」の意で、「下」と「水」とは修飾語と被修飾語の関係だが、片や中国語の「下水」は、「水に入れて（煮る）」という意味なので、「下」と「水」とは動詞と補語の関係だ。よく知られているように、中華料理の調理法として炒める、蒸す、あぶる、焼くなどいろいろあるが、家畜の胃腸の場合は普通「水に入れて」煮て食べるのだから、「下水」という言い方が生まれたわけだ。

熊手

(日) くまで kumade

(中) しょんしょう xióngshǒu

　大都会出身の中高生に限って言えば、中国の若者も日本の若者も「熊手」のことをおそらく知らないだろう。もっとも、首をかしげ続ける日本の若者と違って、中国の若者は、やがて「分かった！すごくおいしくて、高いもの！」と言うかも。

　大都会出身の若者が分からなくても、ある年齢以上の「良識（？）」のある日本の方なら、「熊手」は長い柄の先に熊の手の爪のような形のものが付いた竹製の道具で、落ち葉などをかき集めるのに使われるということを知っている。だが、中国の若者が「おいしくて高い」と言っているのは、もちろんこれではない。

　「手」という字と「掌」という字の意味が大変近いことから、中国の若者は「熊手」のことを「熊掌」として理解する。「熊掌」、つまり「熊の手」はかつては超高級な中華料理の一品だったが、動物保護が重要視されている現在、もう口にしていいものではなくなった。しかし、それでも、中国人の頭の中では、高級料理の代名詞になっている。それが、字は違えども、日本では落ち葉をかき集める道具だと知ると、きっと呆れてしまうだろう。

（日）さるまた　sarumata

（中）ゆぁんぐー　yuángǔ

猿股

　衣類関係のことばで、中国語と相通じるものは比較的多い。「礼服」「軍服」「僧衣」「単衣」などがその例だ。一方、全然通じないのも少なくない。といっても、「コスチューム」「プレタポルテ」のような、日本の年配の方にも何のことか分からないカタカナ語を問題にしているわけではない。本書ではあくまで漢字言葉をテーマにしているが、実はそんな漢字言葉の中でも、例えば「襦袢」や「両前」になると、中国人にはてんでピンと来ない。もっとも、この場合はあくまでピンと来ないだけのことで、まだとんでもない誤解には繋がらなくてすむ。

　しかし、「猿股」になると、事情が大きく違ってくる。「猿股」という２文字を目にすると、中国人の頭に浮かぶのは、お猿さんのあの毛が生えていない赤いお尻だ。そこで、これは男性の下穿きの一種だと説明してやったとしても、「へぇー、そうなの？」と首をかしげる人が多いだろう。なにしろ中国語では「猿」は「サル」、「股」は「お尻」のことなので、これを人間に結びつける手掛かりなど一切ないからだ。

靴

- 日 くつ kutu
- 中 しゅえー xué

　「靴」と一言で言ってもさまざまあるが、中国人も日本人も異議を挟まないのはどうやら「雨靴」ぐらいで、中国人が一番変に思うのは日本語の「運動靴」のようだ。

　日本語の「靴」は、靴下の外側に履く全ての履物の総称のようだが、中国語の「靴」はブーツのような長い履物だけを指す。だから、雨が降っているときに「雨靴」を履くのは分かるが、運動する時にどうしてわざわざあんな重たくて不便なものを履くのか、と驚くのだ。

　履物の総称という意味で、日本語の「靴」に当たる中国語の単語は「鞋」。このことをある高校で紹介していたら、この漢字、日本語にはないよねと、生徒たちは明るく反応してくれた。じゃ、「わらじ」を漢字でどう書くか知ってる？と聞いたら、今度は無邪気な目をじっとこちらに向けて、軽く頭を振るばかりだった。「わらじ」を漢字で書けば、「草鞋」。「鞋」という字は、確かに現在の常用漢字に入ってはいないが、かつては日本でも立派に使われていたのだ。

靴下

㈰ くつした kutusita
㊥ しゅえしぁ xuéxià

　中国語の「靴」は、ブーツのような長い履物をいうということは先に述べた。このために、中国人に「靴下」という字を見せて、人間の体につけるものの一種だと説明しても、彼らは決してストッキングやソックスのようなものを思い浮かべることなく、ハイヒールのような靴のかかとの部分か何かを連想するだけだ。

　それもそのはず、「足（の）下」ならともかく、「靴（の）下」という以上、どうしてストッキングやソックスなどになりえるか。「足」のほうではなく、あくまで「靴」に関係づけてストッキングやソックス類を命名するのであれば、せめて「靴上」か「靴中」のように名付けてほしいところだ。

　もちろんこれは中国語の論理で、日本語になると事情が違ってくる。日本語では「下着」や「上着」などというが、「下着」は下半身に、「上着」は上半身に着るものでは決してない。「シャツの「上」にセーターを着る、寝巻きの「下」には何も着けない」のように、着衣の場合、日本語ではどうも肌に近い場合を「下」、肌から遠い場合を「上」という感覚で捉えていて、肌に直に着るものを「下着」、下着やシャツなどの上に着るものを「上着」と称するのだ。

　このように考えてみると、「靴下」も肌に直に履くものだから、その命名が全くけしからんというわけではない。しかし、それでも履くのは足に履くのだから、「靴下」というよりは、「足下」のほうが合理的ではないか。

床

- 日 ゆか yuka
- 中 ちゅあん chuáng

　和室は基本的に畳なのだが、最近3LDKやら4LDKやらでリビングが流行り、その分「床」が日の目を見るようになった。

　畳には座布団がふさわしいが、「床」にはフランス製の豪華なソファを置くのがよい。ところで、子供が遊び疲れて、「床」にそのまま寝そべると、上品な奥様なら多分すぐに「起きなさい。「床」の上に寝るもんじゃありません」と言って、怒るかもしれない。

　しかし、この「「床」の上に寝るもんじゃありません」という言い方を中国人が聞くと、ひたすら驚くにちがいない。「床の上に寝てはいけないなんて、まさか床の下に寝ろとでも言うのか」と。

　中国語にも「床」という単語があるが、これはベッドの意味だ。中国のいたずら好きな子供は、「床」の上よりむしろ「床」の下に潜るので、その母親たちは日本語とは逆に、「床の下に寝るもんじゃありません」という言い方をするのだ。

階段

㊐ かいだん　kaidan
㊥ じえどぅあん　jiēduàn

　大抵の一戸建て住宅は二階建てで、1階から2階へ上がるために木の階段がしつらえられている。しかし、日本人の家の中に「階段」があると聞いても、中国人は今一つピンと来ない。

　中国語の「階段」はむしろ日本語の「段階」と同じ意味で、ある事柄が持続する時間の幅のことを指す。工事の最終段階のことを中国語では「収尾階段」と言い、また例えば封建社会が奴隷社会に取って代わったことを、中国語では社会が新しい「階段」に入ったと言う。「階段」はこのように中国語では時間的なものだから、家と結び付けて議論しても真意が伝わらないのは当然だ。

　「階」と「段」との、漢字としての本来の意味はそれほど違わない。それを日本語では「階段」のように、まず「階」それから「段」の順に並べて空間的イメージを表し、そして、今度は同じ漢字を「段階」と逆に並べて、時間の幅を表す。だが、中国語では「段階」という単語がない代わりに、「階段」を使ってその意味を表し、そして、日本語の「階段」を表すのに「台階」という別の形のことばが用意された。広大な国土を持つ中国では、「階段」の幅一つを取ってみてもたいへん広いのだから、「台」という字を使ったのだろうなどという憶測は、もちろん何の根拠もない民間語源である。

天井

（日）てんじょう　tenzyô

（中）てぃえんじん　tiānjǐng

　このごろのマンションなどは、リビングが広くなっただけではなく、吹抜け様式といって天井も高くなり、住み心地が大変よくなった。だが、この「天井が高い」ということばは、中国人には通じにくい。

　中国語の「天井」は「床」などと対になるものではなく、屋敷の中の家屋と家屋、または家屋と壁に囲まれた露天の空間だ。そのような空間からは「天（空）」を仰ぎ見ることができ、かつ、「井（井戸）」のように狭いところから、「天井」と名づけられたのだ。だから、当然「高い」という言い方とは縁もゆかりもない。

　また、そのような感じの「天井」なので、中国人はその空間を利用して花を植えたりもするし、そこに小さな池を作って金魚を飼ったりもする。中国人が「天井」で金魚を飼っていると聞くと、「一体サーカスか何かの話でもしているの？」と驚く日本人もたくさんいるだろう。

境内

- 日 けいだい keidai
- 中 じんねい jingnèi

　近年、靖国神社参拝をめぐる報道や批評が、時々東アジアのマスコミを賑わすので、日本に来たことがなくても、靖国神社を知っている中国人は多い。しかし、知っているといっても、一級戦犯が祀られている、（にもかかわらず）日本の政治家が時々そこを参拝するという程度で、それ以上のことは知らない。だから、靖国神社の４文字だけならばともかく、「靖国神社境内」のような文字を目にすると、何となくローマ法王を元首とする独立国家のバチカンのことを連想してしまう人がいるらしい。

　そのような連想を引き起こしてしまう一つ目の理由は、靖国神社は外国人には、日本最高位の神社のように見えるため、バチカン＝ローマ・カトリック教会の総本部に似た意識を引き起こしてしまうこと、そして、二つ目の理由は、ほかでもなく「境内」ということば自体にある。日本語にも「国（くに）」の「境（さかい）」を表す「国境線」ということばはあるが、しかし、普通「境内」は、単に神社や寺院の敷地内しか指さない。一方、中国語の「境内」となると、ある国の領土のことなのだ。そのために、「靖国神社境内」といった綴りを見ると、日本最高位の神社だという本当ではないイメージも手伝って、中国人の頭の中では、靖国神社は準国家扱いになっているのではないかと思われるのである。

出口

- ⓓ でぐち　deguti
- ⓒ ちゅーこう　chūkōu

　最近、陰陽師の主導による住宅改造の番組が多く、風水から見た間取りがよくない理由として、時々「出口」の方角が問題にされたりする。その「出口」ということばを耳にすると、なんとなく昔歌舞伎町で起こった火事が思い出される。あのときは確か、「出口」が塞がれていたせいで、たくさんの焼死者を出してしまったのだ。日中両言語の「出口」の意味はもちろん同じではないが、でも、日本文化においても、やはり「出口」が大事そうだ。そもそも問題をどう解決するか見当がつかないときも、「出口が見えない」と言っているではないか。

　日本は文化面において「出口」が大事だとすれば、中国の場合は経済面において「出口」が重要だ。ここ数十年来、まさに「出口」がよくなったのだから、中国の外貨貯蓄も着実に増え、国民の生活も少しずつ潤ってきた。と言われても、日本の人はますます五里霧中という感じになってしまうかもしれないが、中国語の「出口」は、実は日本語の「輸出」の意味。工業製品、農業製品などをたくさん「出口（輸出）」すると、国が豊かになるというわけだ。

　もっとも、中国語の「出口」に日本語の「出口」の意味が全然ないわけではないが、日ごろ使われている「出口」は、まず「輸出」の意味だ。この場合の「口」は「口岸（日本語の「港」に相当）」の意で、「出口」は「口（港）」を「出」ていくのだから、「輸出」になるのだ。ちなみに「輸入」に対応する中国語は「進口」であり、「港に入る」という意味だ。

（日）かいどう kaidô
（中）じえだお jiēdào

街道

　司馬遼太郎の紀行シリーズ『街道を行く』はなかなかの名著で、ＮＨＫエンタプライズによって映像化もされた。するどい詩的直観と豊かな歴史的教養とを併せもった司馬氏が、日本のさまざまな風土に本来の日本人の姿を探し求めて綴ったこの歴史の旅の記録に、私はたいへん感動を覚えた。

　しかし、正直に言うと、最初に表紙を見たときには、日本のさまざまな名所旧跡を訪ね歩く紀行文学ではなく、日本のいくつかの由緒のある都市の紹介だと思った。一応日本語学を専門とする私には、「～を行く」の意味を理解するのは問題がないが、「街道」という語彙になると、やはり中国語の影響から抜けられなかった。中国語の「街道」は大通りの意味で、日本語のような町と町とを繋ぐものではないからだ。

　ついでに言うと、町と町を繋ぐ日本語の「街道」の意味を言うのに、中国語ではかつては「官道」が使われていたが、今は主に自動車が走るので、「公路」となっている。

③

「猫背」も「脚気」も「呼吸」で「感染」

一風変わった身体・疾病の巻

嘴

- 日 くちばし kutibasi
- 中 ずい zuǐ

　「嘴」はものを食べる器官だと言えば、中国人も日本人も反対することはない。しかし、自分の口を指して、「私の嘴」と言うと、日本人は戸惑うだろう。

　日本語の「嘴」は鳥類の口だけをいうことばで、骨でできている硬いものでなければならない。だから、人間の口やパンダの口は「嘴」ではない。一方、中国語では、それが骨でできているかどうかなどはまるで関係なく、全ての生物の口が「嘴」なのだ。日本語では、人間や動物のmouthのことを「口」で表しているが、現代中国語では、「口」という字は「口臭」「口実」のように、古典の名残として単語を作る要素として生きており、１文字だけでmouthを指して言うことはもうない。

　もっとも、日本語の「嘴」と「口」の対立現象は偶然的なものではないのかもしれない。第一、人間や動物の存在は「いる」、物事の存在は「ある」、人間や動物のSoundは「声」、物事のそれは「音」で言い分けられているではないか。それと同じように、「口」と「嘴」とを分け、鳥類を人間や動物から独立させたのだと理解しても、全くの
荒唐無稽(こうとうむけい)ではないのではないか。

牙

- 日 きば kiba
- 中 や— yá

　中国の大きい病院には「牙科」もあるよと言われて、驚く日本の方は少なくないだろう。日本には「歯科」はあっても、どんなに大きい病院にも「牙科」などはないからだ。しかし、中国の「牙科」は、ほかでもなく「歯科」そのものだ。

　日本語では人の歯は「歯(は)」、動物のそれは「牙(きば)」というふうに、同じ食べ物を噛む器官を人間か動物かによって言い分けている。もっとも、「牙」は動物の牙の総称という意味以外に、「象牙」のように、動物の前歯と奥歯の間にあるあの大きくて鋭いものだけを指す用法もあり、ここから発展して、人の犬歯をも指して言うことがあるが、基本的にはやはり動物の歯だ。

　一方、「唇亡歯寒(くちびるほろびてはさむ)（唇亡びて歯寒し）」という四字成語に見られるように、古代中国語では人間の歯を日本語と同じく「歯」と言っていたが、現代中国語になると書き言葉では「牙歯」、話し言葉ではただの「牙」と言うようになり、「歯」一字のままで使われることはなくなった。そのために、中国では、人間の病院に「牙科」があるわけだ。

脚

(日) きゃく　kyaku

(中) じゃお　jiǎo

　若い頃から文学が好きで、日本語を勉強しはじめて一年経つか経たないかのときから、『群像』や『海』などの雑誌の漢字を拾って読んでいた。単語の量は少なくても、漢字言葉のおかげで大まかなストーリが分かるので、意気込んで続けていたが、時々同じその漢字言葉のせいでつまずくこともあった。例えば「脚線美」というのがその一つだ。

　日本語の「脚」は、太ももから下に伸びた部分全体を指すことば。したがって、「脚線美」というのは女性の足の伸び方の美しさを形容するものだ。しかし、中国語の「脚」はくるぶし以下の部分しか指さないので、そのために、「脚線美」に出会ったときには、こいつはなんぞやとその理解にだいぶ苦しんだ。

　もちろんそれは、中国語の「脚」がくるぶし以下の部分しか指さないことに加えて、中国には何百年にもわたって女性の「纏足」の風習があったといったことなどが、「脚線美」に対する私の正確な理解を妨げていたのだ。つまり、中国語にかつて「三寸金蓮」ということばが流行っていたように、中国では纏足した女性の「金蓮＝脚」が小さければ小さいほど美しいとされていたことがあったので、それで、もしかしたら日本でも女性のくるぶし以下の「脚」に対してなんらかの特別な美意識を注いでいるのかもと、勝手に憶測していたのだ。

　少し知識を披露すると、中国語ではくるぶし以下は「脚」で、くるぶしから太ももまでは「腿」という。より詳しく言えば、くるぶしからひざまでは「小腿」で、ひざから太ももまでが「大腿」だ。後者については、日本語でも「大腿部」や「大腿骨」といった言い方があって似ているが、前者の「小腿」は日本語にはない。「美しい」部分ではないから、特に関心がなかったのだろうか。

猫背

(日) ねこぜ nekoze
(中) まおべい māobèi

　日本語に「猫舌」ということばがあり、熱いものを食べたり飲んだりすることができないこと、またはそのような人をいうが、これは中国語にはない。日常的に寿司や刺身のような生ものを食べている日本と違って、基本的に食材を加熱して食べている中国では、熱いものを食べたり飲んだりすることができない人がそうそういるわけではないので、そのためのことばも用意していなかったのだろう。

　一方、中国の山西省を中心とする北方の一部に、「猫耳朶（猫の耳たぶ）」という料理がある。麺が猫の耳のような形になっているので、そういう呼び方をしているが、実物が日本に存在していないのだから、そのような言い方は言うまでもなく日本語にはない。

　ここまでは、そもそも現象そのものが一方の国に存在しない、または特に意識されていないので、比喩も通じ合わないわけだが、「猫」の「舌」や「耳」ではなく、「猫背」となると問題は別だ。腰が曲がっていることを、猫がよく取る姿勢から、日本語では「猫背」と名づけている。だが、同じ現象が中国にもあるのに、「猫背」は中国人には理解できない。同じことを中国人は「駝背」、つまり「駱駝」の「背」と言っているからだ。

　中国人にとっても、猫は鼠を退治してくれる大事な生活の仲間だし、その姿勢に関する観察をおろそかにしているわけではないが、言い方を「猫背」ではなく、「駝背」にしたのは、１年中風や砂塵にさらされながらせっせと野良仕事に励む黄土大地の民が、ただ可愛いだけの猫よりも、黙々と隊商交易の荷物を運んでいつまでも歩き続ける駱駝のほうに、親近感を持ちやすかったからではなかろうか。

脚気

(日) かっけ kakke
(中) じゃおちー jiǎoqi

　「脚気」は病気だと言えば、中国人も日本人も頷く。だが、「脚気」は場合によっては致命的な病気だと言うと、日本人はそれでも頷くが、中国人は「何を馬鹿なことを言っているんだ」と笑うだろう。

　「脚気」は中国語でも日本語でも病名の一種だが、指している病気がまるで違う。日本語の「脚気」とは、「ビタミンB₁の欠乏症。末梢神経を冒して下肢の倦怠、知覚麻痺、右心肥大、浮腫を来たし、甚だしい場合は心不全により死亡する」（『広辞苑』）らしい。しかし、中国語の「脚気」は単なる「水虫」のことだ。水虫は確かに痒いし、痛いが、いくらなんでも致命的な病気ではない。だから、「脚気は場合によっては致命的」云々などと言うと、中国人はどうしても吹き出してしまうのだ。

㊐ かおいろ kaoiro
㊥ いぇんすー yánsè

顔色

　「顔色」と言えば、中国語では空や海の「色」から口紅の「色」までの色という色全てを指すことになるが、日本語では「顔の色」しか表さない。この違いは、「顔」という漢字についての理解の違いから来るものだ。

　「顔」という漢字の、古くから持っている基本的意味の一つが「色」。例えば、中国語にも日本語にも共通して「顔料」ということばがあるが、これは「色の料（材料）」で、何も「顔（かお）の料」ということではない。それから、中国語にしかない単語として「五顔六色」というのがあるが、これも色とりどりという意味であって、「顔」も「色」も多いという意味ではない。

　一方、「顔」という漢字には face という意味も確かに古くからあり、例えば、「顔面神経痛」といった場合、これは決して「色の面（おもて）の神経が痛い」のではなくて、「顔の面の神経が痛い」のだ。このように、「顔」という漢字の本来持つ二通りの意味の中から、中国語では「色」の意味を譲り受け、日本語では「顔」のほうを譲り受けたのだから、二つの言語における「顔色」の意味がずれてしまったのだ。

　もっとも第一義ではないが、中国語の「顔色」に、顔（かお）の色に関係するような意味が全然ないわけではない。実は２種類もあるのだ。一つ目は、「女性の愛嬌や色気」の意で、やや色っぽい女性のことを「有幾分顔色」と言う。そして、二つ目は、「人間のきつい表情」を表し、言うことを聞かない相手に「給顔色看（直訳：色を与えてみせる）」と言うと、「魅力的なカラーを見せる」のではなく、「思い知らせてやる」という意味になるのだ。

元気

（日）げんき genki

（中）ゆぇんちー yuánqì

　日本語の勉強を始めて２日目か３日目に、「お元気ですか」という言い方を習い、「元気」という言い方にすっかり感激してしまった。

　中国語にも「元気」という単語があり、人間や組織について「大傷元気（精力や活力が大いに損なわれた）」、「回復了元気（精力や活力が取り戻された）」などのように使われるが、日常的なあいさつ言葉に顔を出すことは普通ない。この中国語の「元気」というのは、天地万物を生成する根本的な精気のことであり、人間や組織に関して言う場合でも、その活力の堂々たる根幹的な部分しか表さない。だから、日常的に「風邪を引いたかどうか、くしゃみをしているかいなか」程度のことで使うと、大げさで似合わない。

　日本語も、昔は「元気」ということばは、中国語のように用いられていたらしい。例えば『性霊集』の「元気 候動して葦牙乍ちに驚く」という表現における「元気」がそうだ。ところがその後、いつの間にかあいさつ言葉としてよく用いられるようになったが、かといって、日常的な体の具合と人間の根幹的な活力とは、さほど無関係なものではないので、まんざら的外れな転用とは言えない。

感染

(日) かんせん　kansen
(中) がんらん　gǎnrǎn

　「流感に感染する」のように、日本語で「感染」と言うと、まず病気が移ることを意味する。この種の用法を中国語の「感染」が全く持っていないわけではないが、普通「傷口感染了（傷口が感染した）」のように、中国語での「感染」は外傷についていうのに留まり、流感などのような内部の病については、「伝染」という別のことばが用意されているのだ。

　「伝染」ということばは、日本語にも存在する。それにもかかわらず、そのことばは「伝染病」「伝染力」などの一部のことばを除いて「病が移る」という意味ではあまり用いられず、そのために、呼吸による病が移ることをも「感染」で表しているわけだ。理屈よりは「感覚」を大事にし、説得して納得させるよりは「阿吽の呼吸」を大事にする日本文化だから、「呼吸」関係のことを、どうしても「伝」わって「染」まる「伝染」よりは、「感」覚で「染」まる「感染」でもって表したかったのだろうか。

怪我

（日）けが kega

（中）ぐゎいうお guàiwǒ

「怪我」という二文字を見せて、どんな感じを受けるか
と聞くと、おそらく日本人は「痛い」とか「痛々しい」と
か答えるだろうが、中国人はそれに対して、「どうして？」
と聞き返してくるかもしれない。

日本語の「怪我」は負傷のことだから、傷ついた皮膚や
流れ出す血が連想されやすく、痛々しい感じが否めない。
一方、中国語の「怪我」は一単語ではなくて、「怪」＋「我」
からなるフレーズだ。つまり、「怪」は「とがめる、責め
る」、或いは「〜のせいだ」という意で、「我」は「私」の
ことだから、「怪我」全体では「私をとがめる」か、「私の
せいだ」という意味になる。だから、中国人が「怪我」と
いった文字を目にすると、「何で私のせいにするのか」と、
不条理な気分になってしまうのだ。

国交が正常化されてから、中国の関係者が日本の工場を
視察に来て、「油断一秒、怪我一生」というスローガンを
見たとき、たいへんに感動して言い合ったという。「道理
で、日本の労働者はこんなにまじめに働くわけだ。機械の
「油」が「一秒」でも「断」たれてしまえば、「一生」自分
がとがめられるのだからね」と。つまり中国語の解釈によっ
て、「油断」を「油が断たれる」、「怪我」を「私がとがめ
られる」という意味で理解していたのだ。このエピソード
はどこまで本当か分からないが、いろいろなところで言い
伝えられているだけに、全部が全部フィクションではない
はずだ。

吃音

Ⓓ きつおん kituon
Ⓒ ちーいん chīyīn

　思えばもう 20 年ほど前の話だが、某診療施設の広告を
見たとき、すっかり戸惑った。赤面症、対人恐怖症、高所
恐怖症などと一緒に、直せる病気一覧に、「吃音」という
のが並んでいたからだ。

　赤面症などの症状はなんとなく分かるが、「吃音」につ
いてはピンと来なかった。中国語では、「吃」は「食べる」
の意。もっとも意味を少し広げて、赤ちゃんが無意識に指
を口にくわえたりすることも「吃手」と言っているが、し
かし、この発想からいっても、「吃音」は分かりっこなかっ
た。「音を食べる」というイメージをいくら広げてみても、
脳裏にその情景がうまく描けなかったのだ。

　もちろん、その後字引を引くことによって問題は解決し
た。だが、このあたりで、じゃ「吃音」のことを中国語で
どう言うかということに関心を持たれる読者もいるだろ
う。手短に言うと、中国語では、「口吃」なのだ。といっても、
決して中国人は「吃音」の症状を「口」が「食べる」とい
うふうに捉えているのではない。「吃」は「食べる」以外に、
「くっくっと笑う」と言う時の「くっくっ」に相当するよ
うな意味も持っている。だから、笑い声を押し殺して笑う
時に「口」から漏れる「吃（くっくっ）」という音に近い
患者の話し方を捉えて、「口吃」というようになったようだ。

生地

- 日 きじ kizi
- 中 しょんでい shēngdì

　「生地」という綴りは、中国人に見せても日本人に見せても、「その意味なら分かるよ」と答えそうだが、中国人から「生地」には補血、強壮の作用があると言われると、日本人はびっくりするだろう。

　中国語の「生地」は、生薬である生(なま)の地黄の意味で、補血、強壮の漢方薬。一般の方にはあまり馴染みがないかもしれないが、この生の地黄はもちろんこの日本でも広く活かされており、京都伏見稲荷大社の門前には地黄煎(じおうせん)という名物もあるし、また丸薬の地黄丸は、すでに江戸時代の井原西鶴の『好色一代女』にも登場している。

　しかし、生の地黄ならともかく、「生地」と言っただけでは、日本語では普通は服を作る布や織物のことになる。そこで、その布や織物に補血、強壮の作用があると言われても、妄想のよほど好きなタイプではない限り、納得してくれないのは当たり前だ。

（日）こきゅう　kokyū
（中）ふーしー　hūxī

呼吸

　中国人も日本人も「呼吸」をするのだから、「呼吸」ということばは同じ意味で共有していると思い込みがちだ。確かに、両言語のいずれも「呼吸」、およびその複合形式としての「深呼吸」、「人工呼吸」、「呼吸器官」、「呼吸困難」などを単語としてもっている。

　しかし、だからといって、お互いに安心していいというわけではない。日本語では、「呼吸が合う」「呼吸を合わせる」「呼吸をそろえる」「呼吸を心得る」のように、呼吸が大活躍しているが、これらを中国語に訳すと、「呼吸が合う」→「合得来」のように全然別のことばになり、「呼吸」という2文字は全く登場しない。まあ、「呼吸が合う」「呼吸を合わせる」などの場合の「呼吸」は、本来の「空気を吸い、吐く」ことではなく、何かを共にする人との調子や、物事を行う際の微妙な間合いを比喩的に言っているのだから、言語が違えば表現も違うというのはそれほど不思議なことではない。しかし、「呼吸」を用いて人間関係を例える日本語の「精神」には、やはり感心せずにはいられない。日本人の協調性は、すでに世界的に有名だが、その協調性の高さをこの「呼吸」ということばを用いて比喩するのは、たいした発想だ。

④

「得意」の「迷惑」で、「疑惑」も「覚悟」

世にも稀な心理・情意の巻

希望

(日) きぼう kibô

(中) しーわん xīwàng

　現代中国語を習ったことがなくても、ある程度の漢文の知識があれば、「対未来充満希望」という中国語の意味は大体分かるだろう。「未来に対して希望が充満している」、言い換えれば「未来に希望を強く抱いている」ということだ。このように、「希望」は未来、将来に対する夢や期待という意味で、中国語と日本語とで同様に使われている。

　しかし、だからといって、中国語と日本語の「希望」が全く同じだというわけではない。何かのときに、中国人はわりあいよく「もう希望がないのだ」という言い方を口にするが、それは何もその人はもう人生を諦めきっているということではないのだ。

　中国語の「希望」は「事態を解決、好転させる可能性」という意味も持っている。したがって、例えばコンサートのチケットのキャンセル待ちをしているときに、それを入手する可能性がもうなくなったと判断すると、中国人は「もう希望がない」などと言う。だが、これはあくまでもそのコンサートを聴ける可能性がなくなったというだけで、輝かしい人生本来の夢とは全く関係がないことだ。

疑惑

日 ぎわく giwaku
中 いーふぉ yíhuò

　引退して久しいが、山口百恵さんは今なお有名で、人気のある日本の大スターだ。彼女は、中国人がよく知っている日本人の1人でもある。歌手のかたわら、百恵さんは1970年代からいろいろな映画、テレビドラマの主人公を演じて大活躍し、「赤い疑惑」をはじめとする「赤い」シリーズは相次いで中国にも紹介され、中国の人々に大きな感動を与えた。私も1人の中国人として「赤い疑惑」は大好きだったが、しかしこの題名は、今見てもなんとなく落ち着かない。

　中国語にも「疑惑」ということばはあるが、動詞としては「納得できない」「疑う」という意で、副詞的には「疑わしげに」などという意味になる。もっともここで重要なのは動詞か副詞かの別ではなく、中国語の「疑惑」は、あくまで人間の心情をいうことばだということだ。この発想法に慣れていると、「赤い疑惑」の「疑惑」は完全に誤用（？）になってしまうのだから、落ち着かない気分になるのも無理はないだろう。

　日本語の「疑惑」は、「〜に疑惑を抱く」というように、人間の心情を表す場合にも使えるが、一方で、「その行為には重大な疑惑がある」のように、人間以外の事柄についていうこともある。ここで連想されるのは、「怖い」などのような形容詞だ。例えば「蛇が怖い」と言った場合の「怖い」は蛇の属性なのか、それとも人間の気持ちなのか、今一つはっきりしない。中国語だと、蛇の属性をいう場合には「蛇可怕」と言い、人間の気持ちをいう場合は「我怕蛇」と言う。「蛇」は、前者では主語で、後者では目的語だから、混乱することは全くない。といっても、ここでは日本語の文法がなっていないと言いたいわけではない。日本語では、主体である人間の気持ちとその向かう対象を融合して捉えることがあるから、「疑惑」や「怖い」のようなどちらからも取れることばがあるのではないだろうか。

緊張

日 きんちょう　kintyô

中 じんじゃん　jīnzhāng

　「鈴木氏は緊張して、急に鼻血が出た」という日本語なら、中国人も何となく理解できるし、その逆に、「××両国関係緊張」という中国語を見れば、その意味が全然取れない日本人もおそらくいないだろう。このように、①失敗が心配で心や体が引き締まること、②両者の関係がうまくいかず、今にも争いが起こりそうな状態、といった意味の場合は、中国語の「緊張」も日本語の「緊張」もそれほど変わらない。

　しかし、例えば「最近鋼材緊張」という中国語を日本人は正確に読み取れるのだろうか。

　鋼材に異なる温度を与えると、膨張したり収縮したりするが、「緊張」はそのようなことを言っているのではない。「最近鋼材緊張」の場合の「緊張」は、供給が需要に追いつかず、ものが不足しているという意味だ。日本語の「緊張」はこの種の意味を持たないだろうが、もちろんこれは日本に新日鉄などのすばらしい製鉄会社があって、鋼材を十分に生産していることとは関係がない。平たく言えば、要は日本語の「緊張」は人間について使われるだけで、物に言及するときには使えないのだ。

自覚

(日) じかく zikaku
(中) ずーじゅえ zijué

「自覚」の「自」は「自ら」で、「覚」は「感じる」「知る」ことだから、「自覚」の基本的な意味は「自ら知る」ことだ。司馬遼太郎の名著『坂の上の雲』の中に「文学熱もここまでくればもはや病いであろう。この病いは、かれらが自覚するところでは子規から感染したものであった。」という１節があるが、ここで使われている「自覚」はまさにこの種の意味だ。

「自ら知る」ことを「自覚」の基本義とすれば、「自分の立場や身分からしなければならないことを自ら知っている」というのがその派生義だと言えよう。同じ『坂の上の雲』にある次の１節に使われている「自覚」は、この用法だ。

「江戸時代を通じてこれら庶民には原則として教育の場があたえられていなかったため無学者が多く、社会意識がひくく、庶民であってもまだ国民としての自覚も意識もない。」

以上は日本語の「自覚」だが、中国語の「自覚」は、この日本語の基本義にも派生義にも完全に対応しない。中国語では、１個人が周りとの付き合いにおいて、身分相応に他人に配慮しながら行動すれば「自覚」と評価され、その反対は「不自覚」＝「自覚していない」ということになる。例えば、風邪を引いた人が少しでも同僚から離れて座るように気を遣うのが前者で、鼻をすすりながらも一緒に鍋を食べに行かないかなどと同僚を誘うタイプが後者だ。

日本語の「自覚」と中国語の「自覚」、あなたはどちらがお好きですか。

得意

- 日 とくい tokui
- 中 どぅーいー déyì

　喜怒哀楽といったさまざまな表情を見せて、どれが「得意」の顔かと聞けば、中国人も日本人も「喜」か「楽」かのほうを指して、これだと答えてくれるだろう。「喜」と「楽」の間に揺れはあっても、とにかく「哀」や「怒」ではない。また、例えばしっかり頑張った人に対して、よくやったと親指を立てて言ってあげると、中国人も日本人もおそらく「得意」げになるが、こういった場合の「得意」の中身も基本的に同じだ。

　しかし、「得意」なスポーツという日本語を聞くと、中国人は理解に苦しむ。中国語の「得意」は、あくまである種の成功を収めた後の人間の気持ちの有様なので、上手にできる、あるいは自信を持ってやれる事柄を指すことはないからだ。だから、自ずと、なぜスポーツに「得意」が可能なのかと思ってしまうので、「得意なスポーツ」という言い方が納得できないのだ。

不覚

（日）ふかく hukaku
（中）ぷーじゅえ bùjué

　「春眠不覚暁、処処聞啼鳥、夜来風雨声、落花知多少」。戦後、英米文化が怒涛のごとく入り、長い間の教養としての漢文がだんだん疎遠なものになってしまったが、それでもこの孟浩然の『春暁』はいまだにさまざまな場面で詠まれ、人々の心を和ませてくれる。この詩の第1句の「春眠不覚暁」に「不覚」ということばがあるが、これは否定の副詞「不」＋動詞の「覚」からなるフレーズで、「気づかない」という意味であり、現代中国語にも繋がるものである。

　一方、日本語にも一見似たような「不覚」が見られる。例えば、「不覚にも泣きだしてしまった」の場合の「不覚」がそうだ。もっとも、正確に言えば、この「不覚」は何かに「気づかない」というよりも、「知らず知らずに」という意味であり、これにぴったりの中国語は「不知不覚」という副詞だ。

　しかし、日本語の「不覚」には今一つ用法がある。「あのことは、私にとっての一生の不覚だ」というときの「不覚」がそれで、ほとんど「失敗」と同義だ。日本文化は自分を責める文化だと捉えられる節もあるが、「失敗」を「不覚」としてしまうあたりを見ると、一概にはそうも言えないような気がした。

迷惑

(日) めいわく meiwaku

(中) みーふぉ míhuò

「迷惑」という語は実に「迷惑」なもので、紀元前3〜2世紀頃からすでに使われ始めており、意味用法がややこしいものだ。例えば、中国の古典にも、「迷惑」は「民迷惑且感禍患」（荀子『大略篇』）や「矯言偽行、以迷惑天下之王」（荘子『盗跖篇』）と出てくるが、前者の「迷惑」は自動詞で、どうしたらいいか分からないという意であり、後者の「迷惑」は他動詞で、人を惑わせるという意なのだ。

2つの意味の中で、現代中国語は主に後者の意味を踏襲しており、前者の意味については、むしろ同義語の「困惑」のほうが多用される。一方、日本語の「迷惑」はというと、後者の意味を全く持たず、前者の「どうしたらいいか分からない」という意味をより発展させて「面倒」のニュアンスを存分に持たせ、「近所迷惑」や「人に迷惑をかけてはいかん」のように用いられている。

生活音なども極力小さくして、なるべく人に「迷惑」をかけないで暮らすというのが日本文化の基本だとすれば、その真髄はどうも「迷惑」の原義の踏襲の仕方にも反映されているような気がした。人を惑わせるという意味を捨象して、人が迷惑を蒙るという「迷惑」の意だけ受け継いだのは、そのまま世相人心の反映ではないか。

快楽

㊐ かいらく　kairaku

㊥ くゎいるー　kuàilè

「快」は「快い」、「楽」は「楽しい」、「快楽」は「快い」＋「楽しい」だから、言うまでもなく大変いいことだ。しかし、そのいいイメージが、中国人にとっても日本人にとっても同じものかというと、そうではない。

中国的な「快楽」は基本的に精神的なものだが、日本語のそれは肉体的感覚が強い。だから、日本語では「快楽を求める」、「刹那の快楽」と言うことがあっても、「快楽な人生」とはまず言わない。一方、中国語では楽しい人生という意味での「快楽的人生」は老いも若きもこぞって口にすることばで、また『快楽的単身漢』というタイトルの人気映画もあったほどだ。

『快楽的単身漢』の場合の「漢」は男の意味、したがって、『快楽的単身漢』は「楽しい独身男」のことであり、つまり係累がなく自由自在に暮らせる「独身貴族」のことだ。もし、この『快楽的単身漢』という映画のタイトルを、日本語の「快楽」の意味に従って「自由自在に異性との快楽を楽しむ単身男性」のように読み解くと、楽しいことは楽しいが、ただそのような期待に胸を膨らませて映画を見ても期待は完全に外れるから、後悔の気持ちが募るばかりだ。

覚悟

(日) かくご kakugo

(中) じゅえうー juéwù

「覚悟」は仏教から来たことばで、迷いを取り去り、道理を悟ることをいう。敬虔な信者のパーセンテージはともかく、中国も日本も仏教の国だから、この「覚悟」ということばが両国語に存在すること自体は決して不思議なことではない。しかし一方で、両国語のそれぞれの「覚悟」の意味の違いを、私たちは「覚悟」を持って知っておくべきだ。

中国語の「覚悟」は、今は使用頻度がやや下がったが、新中国誕生までの戦争時代から冷戦時代終焉までの数十年の間は、「中国共産党の理論、路線、政策に対する意識や理解」の意味として使われ、そのような理論、路線、政策に対する意識や理解が高い人については、「有覚悟」か「覚悟高」と言って称賛していた。

これに対し、日本語の「覚悟」は、普通「心構え」の意味としてしか使われない。そこで、例えば、中国共産党に反発している台湾独立勢力の何がしかのことを指して、「心構えがある」という意味で「あの政治家は相当な覚悟があるね」などと言うと、それを聞いた一定の年齢層以上の中国人は、「共産党に反対しているというのに、「覚悟が有る」とは何事だ」と、憤慨してしまうだろう。

⑤

「可憐」な「馬鹿」と「下品」な「教養」

移り変わる教養・品行の巻

清楚

日 せいそ seiso

中 ちんちゅ qīngchu

　中国もコンピューターの時代に突入して久しいが、それでも、小、中学校での作文はやはりノートに手書きで書く。生徒の作文の字の書き方に関する先生の評語では、「字跡工整」「字跡潦草」「字跡清楚」などがよく使われる。このうち、1番目の「工整（きちんと）」や2番目の「潦草（ぞんざい）」は日本語にないことばだからいいが、3番目の「清楚」となると、「書写が清楚」とは何事ぞと多くの日本人は呆れてしまうだろう。

　中国語の「清楚」には意味が2つある。1つは「はっきりしている」という意で形容詞、今一つは「分かる」という意で動詞だ。はっきりしていれば、当然分かることにつながるから、意味が2つあると言っても、基本的には同じだ。大きい辞書を調べれば、このような中国語の「清楚」の意味は日本語の「清楚」にもあることが分かるが、しかし、現代語に限って言えば、「清楚な美しさを湛えた婦人」、「清楚な白牡丹」のように、日本語の「清楚」は基本的に女性や花の清らかな美しさを讃えるときにしか使われない。日本語の「清楚」がこのように用いられる理由としては、「清」という漢字を「きよい」「きよらか」などの「きよ」に当てたことが考えられるだろう。しかしそれはともかく、中国語の「清楚」の意味が深く頭に焼き付けられていると、日本語の「女性」の修飾語としての「清楚」を目にした場合でも、一体「女性」の何が「はっきりしている」のかとまず思ってしまい、思考回路が「清楚」本来の意味にたどり着くまで、時間を要してしまうのだ。

（日）かれん karen

（中）くーりぇん kělián

可憐

「可憐」の「可」は「べし」、したがって、「可憐」は「憐れむべき」の意味。このあたりは特に問題はないが、問題にすべきなのは中日両国語における「可憐」の対象の相違だ。

中国語の「可憐」の対象は、私が思うに、例えば父母を早く亡くした孤児、子供に先立たれた老人、それから公園などでよく目にするホームレスの方々だ。その中でも、人に迷惑をかけることなく、恵まれない境遇に辛抱強く耐えているホームレスの方々を見ると、実に「可憐」な方々だとしみじみ思ってしまう。つまり、中国語の「可憐」は、何よりも対象の境遇に同情するという意味だ。

しかし、日本語の「可憐」の対象は全く違う種類のものだ。「可憐な花」に「可憐な蝶」、「可憐な少女」といったように、その対象は孤児や老人、またホームレスなどとは完全にイメージが違う。私に言わせると、「蝶」も「少女」も全然「可憐」ではない。それはもちろん私の中国語の語感によるもので、なにしろ、日本語の「可憐」は「いじらしい」「かわいらしい」の意味なのだ。

このように、中国語の「可憐」と日本語の「可憐」とでは、意味が大きく違うから、同じ「可憐な少女」と言われても、中国人は、両親に死なれて、日々の生活に困っているかわいそうな女の子のイメージを思い浮かべるが、日本人の脳裏には、まだ未成年であるがゆえに、清楚でかわいらしく、守ってあげたい気持ちにさせられるような少女の姿が描かれるだろう。

親切

(日) しんせつ sinsetu
(中) ちんちえ qīnqiè

　中国語と日本語の間の同形異義語は、少なくても百数十はあるが、「親切」ほど「不親切」で紛らわしいものはない。ことに、日本語の「親切に言った」と中国語の「親切地説」（この場合の「地」は日本語の「に」に相当）という二つの言い方の違いになると、実にややこしいものだ。

　中国語の「親切」は、「優しい」、「親しみがこもった」という意味であり、日本語の「親切」は「人のために好意的に」というニュアンスが強い。だから、中国語の「親切」は、故郷の風物や故郷の訛りなどに対しても「感到親切（親しみを感じる、懐かしさを感じる）」のように使うが、この場合に日本語的に感じるのは「親しみ」のほうであって、「親切さ」ではないはずだ。

　一方、日本語の「親切」は「人のために好意的に」というニュアンスが強いだけに、「親切」は「下心」にもなれるのだ。もっとも、相手がこちらに思いやりのあるやさしいことを言ってくれるときには、おおよそすでに好感を持ってくれているのでありがたいのだが、特筆すべきは「親切」が「下心」に繋がりうるということだ。この絶妙な効果は日本語ならではのもので、中国語の「親切」にないのだ。

教養

(日) きょうよう kyôyô
(中) じゃおやん jiàoyǎng

　1981年に研究生という身分で日本の某国立大学に来たときに、そこに教養部があることを大変おもしろく思った。中国には「教養部」はないが、「教養院」がある。「労働教養院」の略で、刑事責任を追及するほどではない人に対して、1年〜3年の強制的労働教育を課すところだ。日本の大学にそんなところがあるはずもないと思ってはいても、なにしろ名前が大変似ているので、笑ってしまった。

　「労働教養」と言うときの、中国語の「教養」は動詞で、人のよくない習慣やくせを強制的な手段によってなくしていくという意味だ。もっとも、中国語にも名詞としての「教養」があるが、しかしこの場合の「教養」も、創造的な理解力や深い知識を意味する日本の「教養」とは異なり、「しつけ」の意味でしかない。つまるところ、動詞として考えても名詞として考えても、中国語の発想からは日本語の「教養部」を理解することは一苦労だ。

　近年来、多くの大学の教養部は教育改革の波にさらされてなくなったり、名前を変えさせられたりしているが、日本の大学の頂点に立つ東京大学の教養学部というのは依然存在し、大きな魅力をもって学生を引き付けている。これから中国からやってくる若い留学生たちも、かつての私がそうであったように、この「教養」ということばにユニークな連想をさせられるのかもしれない。

風流

(日) ふうりゅう húryú

(中) ふぉんりゅう fēngliú

　「風流」ということばの使用頻度は以前と比べてかなり低くなったが、その意味自体が変化したわけではない。昔も今も「風流」と言えば、奥ゆかしいこと、優雅なことであり、「風流」を解する人とは詩歌や書画などを作って楽しめる人のことだ。

　中国語の「風流」も、かつてはこのような意味だったが、今では「雅」と「俗」という正反対の2方向へと変容を遂げている。俗の方の「風流」は、エロチックの意で、例えば「風流事」と言えば桃色事件、色恋沙汰のことになる。一方、「雅」の方の「風流」と言えば、亡き毛沢東主席の詩句「数風流人物、還見今朝（傑出した人物を数えたてるならば、やはり今の時代が多い）」における「風流」がそれで、人類社会に大きな影響力を持つことが「風流」なのだ。

　しかし、究極のところ、「俗」の「風流」も「雅」の「風流」も「風流」なことには変わりがなく、その両方とも実践してみたいという人も少なくないのではないか。

ⓐ げひん gehin
ⓒ しゃぴん xiàpǐn

下品

　「下品」な猥談に「下品」なあくび、「上品」な物言いに「上品」な物腰。このように「下品」と「上品」は本来人の言動を評価する際に使われることばだが、なにしろ人間の言動がその当人の内心の発露なのだから、「下品」「上品」もいつしか「下品なおっさん」、「上品なご婦人方」のように、人間自体の修飾にも使われるようになった。

　しかし、「上品」がほめ言葉だからといって、品のいい中国人女性のことを「上品」とほめても、喜んではもらえない。「万般皆下品、唯有読書高（よろずのことみな下品にて、ただ読書のみ高し）」、「酒中上品（酒の中の上品）」のように、中国語の「下品」「上品」はあくまで物について使うことばで、人間について云々する表現ではない。だから、女性のことを「上品」と褒めそやしても、中国語の論理からすれば、女性の優雅さを心から敬愛しているというよりは、むしろその女性自身を品定めするようなことになるから、せっかくの好意も相手に届くことは難しい。

　ただ、語源的には、中国語よりもどうも日本語の用法が正しいようだ。仏教で、極楽浄土に往生する人が９段階に分けられ、上の３段階が「上品」、下の３段階が「下品」と言われているから、「上」であれ、「下」であれ、「品」は本来物ではなくて、人間のはずだ。

下流

- 日 かりゅう karyû
- 中 しゃりゅう xiàliú

「下流」や「上流」の「流」は水の流れのことだから、「下流」は川の下、「上流」は川の上ということになる。ただし、世の中のことは、全てバランスよく行われているわけではない。この「下流」「上流」も同じだ。「上流」は「上流社会」「上流階級」のように、川の上という意味から人間の上という意味にまで広がっているが、「下流」は昔はそのような用法が少なかったものの、この頃は、「下流社会」や「下流老人／中年」のような言い方も見られるようになってきた。

水のことや社会のことをいう場合は中国語でも同じだが、実は中国語の「下流」の意味・用法のほうが、さらに広い意味をカバーしていると言える。なぜなら、「下品」や「卑劣」のような意味まで付与されているからだ。だから、例えば「あなたは"下流"ね」と中国語で言われたとしよう。その時は、たとえあなたがせせらぎのそばに立っていたとしても、それは「下流に行け」という意味ではなくて、「お前は下品だ」ということなのだ。

日 さくふう sakufū
中 ずおふぉん zuòfēng

作風

　「作風がよい」と言えば、中国人も日本人も喜ぶだろう。
しかし、結果は同じでも、それを引き起こした理由も全く
同じだというわけではない。

　日本語の「作風」は、作品に滲み出る作者特有の個性で、
したがって「作風がよい」ということは、つまるところその
の作品がよいということだ。自分の作品がよいと褒められ
れば、人は当然うれしくなるものだ。

　一方、中国語の「作風」は人の思想、生活の態度をいう
もので、「作風がよい」というのはその人の異性関係がき
ちんとしているということで、逆に「作風がよくない」と
言われると、異性関係がだらしないというイメージがまず
脳裏に浮かぶ。だから、「作風」がよいと褒められるのは、
当然ありがたいことだ。

馬鹿

(日) ばか baka

(中) まぁるー mǎlù

　日本人にとって、「馬鹿」は「阿呆」のことだが、中国人には「馬鹿」は「馬」のような「鹿」、つまり「鹿」の一種だ。「馬鹿」だけではなく、中国語にはさらに「駝鹿」というのもあるが、これもほかでもなく「駱駝」のように背の高い一種の「鹿」のことだ。

　そこで、日本語の分からない中国人が「馬鹿」という字を見ると、当然日本にも「馬鹿」がいるのかと聞きそうだが、これに対していたずら好きな若者からは、「私の目の前にいるよ」という答えが戻ってきそうで、いかにも気の毒な話だ。というより、この中国人は本当に「馬鹿を見た」のだ。

　「馬鹿」は「無知」の意の梵語 moha から来たらしく、「馬鹿」は当て字だが、自分の名前をこんなふうに使われていることを知ったら、本当の「馬鹿」は悲しむだろう。中国語の論理で理解するならば、「馬鹿」よりも「阿呆」のほうがずっと合理的だ。「阿」は一種の接頭語で、「呆」は間抜けの意味だから、「阿呆」こそ本当の「ばか」なのだ。

（日）ほしゅ hosyu
（中）ばぉしょう bǎoshǒu

保守

　日本で「保守」の反対語は？と聞いたら、答えはほぼ「革新」に集約されると思われる。だが、同じ質問を中国ですると、人によっては、「革新」か「革命」、または「先進」か「進歩」というように、複数の答えが返ってくるだろう。このように、日本語の「革新」の１語に対して、中国語では４つも候補があるのだ。「保守勢力」のように「〜勢力」と言う場合には、「保守」の反対語は「革命（勢力）」か「革新（勢力）」で、一方、「考え方が保守的だ」と使われた場合には、「保守」の反対語は「先進」か「進歩」になるのだ。

　以上は「保守」の反対語の話だが、実は日中両言語における「保守」自体の意味のずれはもっと面白い。「保守勢力」の「保守」も「考え方が保守的だ」の「保守」も問題はさほどないが、次のセンテンスで使われた「保守」を目にした時には、私は愕然としてしまった。

　「こんどの事故でも、高度の技術的欠陥ではなく、保守点検、整備といった基礎的な技術に問題があったのではないか」

つまり、日本語では、機械やマンションの保全という意味でも「保守」が使われるのだ。これに対して中国語では、こういった命のないものに関しては、「保修」か「維修」を使う。「保守」は、あくまで人間の属性について語ることばなのである。

⑥

「麻雀」で「出世」、「風俗」が「趣味」

何とも言えぬ趣向・趣味の巻

勉強

(日) べんきょう benkyô

(中) みぇんちゃん miǎnqiǎng

　「物は考えよう」という言い方があるが、全くそのとおりだ。同じ漢字ことばでも、捉える角度が違えば、全然違う意味になってしまうのだ。

　「勉強」の「勉」は「励む」、「励ます」の意で、「強」は『老子』の「知足者富、強行者有志（足るを知る者は富み、強めて行うものは志有り）」に見られるように、本来は「つとめる」という意味をもつもので、したがって、「勉強」は「励み努める」ということだ。一方、上述の『老子』のことばにある「強行（強めて行う）」の「強」には自分の力の限度を超えて何かをするというニュアンスもあり、このニュアンスを中国語で大いに発展させた結果、「勉強」は「無理をして何かをする」か、または「自分の意に反してしぶしぶ何かをする」の意味になってしまったのだ。

　日本語の方では、「励み努める」ことを学問や技術に限定して使われたために、現代日本語の「勉強する」の意味が生まれたわけだ。もっとも、日本人はおおよそ捨て身になって「勉強」しているから、この角度から考えれば、日本語の「勉強」にも「無理をして」というニュアンスが全然ないとは言えない。

　しかし、こうこじつけて解釈するよりも、「無理をして」や「しぶしぶ」といった中国語の「勉強」の意味を、日本語ではビジネスの世界で使う「勉強」ということばで実現していると考えたほうがよい。商品を安く売ることを日本語では「勉強する」と言うが、売るほうにとっては、これこそ「無理をして」「しぶしぶ」やっていることであるにちがいない。

修行

㊐ しゅぎょう　syugyô
㊥ しゅうしん　xiūxíng

　「修行」と言うと、中国人も日本人も分からないことはないが、連想されることがらはかなり異なるものだと思う。

　現代のほとんどの中国人にとって「修行」は全く自分とは無縁なもの。そんなのは僧侶や道士（中国の伝統的な宗教である道教の出家信者）になった人たちだけがする行為で、人並みに暮らしている以上、「修行」はしないし、そもそもできるものでもない。

　一方、日本語の「修行」は意味が広い。宗教界のこともさりながら、それ以外にも技芸や学問を身につけようとするときの苦しい努力までもが「修行」と考えられ、「何事も修行をすればうまくなる」という。厳しい努力、苦しい修行を宗教世界にとどめずに、一般大衆が1人1人実践していけば、言うまでもなくいい仕事ができるから、戦後の日本経済復興の速さの秘密も、もしかしたらここにあったのかもしれない。

　しかし、日本には別の形の「修行」もあり、これに対して、日本にやってきた中国人の中には、少々不満や不信感を感じている人がいることも事実だ。和尚の身でありながら飲酒や肉食をするし、配偶者まで持つ、それでも「修行」というのかと。まあ、郷に入れば郷に従えと言われればそれまでだが、戒律の緩過ぎるのも修行の1つなのかもしれない。

出世

(日) しゅっせ syusse
(中) ちゅーしー chūshì

　身の程を知らぬと言われても仕方がないが、私は小さいときから伝記を読むのが大好きで、一時期「出世」に対して強い意欲を持っていた。しかし、このような意欲は「出世」が指している内実に対する意欲であり、実際「出世」という日本語に出会ったときには、どちらかと言えばむしろ戸惑いを覚えたものだ。

　中国語の「出世」には2つの意味があり、1つは「世に出る」、つまり「生まれる」こと。もう1つは「世を出る」、つまり「出家する」ことだ。前者の意味においては「世」は帰着点、後者の意味においては「世」は出発点で、一見矛盾しているようだが、いずれも「俗世界」を指しているので、論理的にはそれなりに通っている。

　一方、現代日本語の「出世」は、最初は比叡山で公卿の子息が受戒、剃髪することを言うことばだったが、その後、そのような公家の子息は仏教界で飛びぬけて昇進が早かったので高い位の僧になることを言うようになり、さらに意味が変化して、今のような社会に出て立派な地位や身分を得ることを言うようになったそうだ。日本語の「世」は、どんどん変化を遂げて、意味が全く変わってしまったのだ。

作為

- 日 さくい　sakui
- 中 ずおうぇい　zuòwéi

　「作〜」から始まることばのうち、「作品」という語は、中国語でも日本語でも意味があまり変わらないが、「作為」となると事情は大きく違ってくる。ことにこの「作為」に「有無」を絡ませていくと、中国人は「有作為」ということを評価し、これとは逆に日本人は基本的に「無作為」をよしとするので、一見価値観が大きく分かれているように見える。

　しかし、本当は価値観の違いではなくて、「作為」の意味のずれが大きいのだ。日本語の「作為」はよく見せようとしてわざわざ仕組んだり手を入れたりすることだから、日本人はこういうことが好きではなく、「無作為」をよしとする。だが、中国人だって、よく見せようとしてわざわざ仕組んだり手を入れたりすることを全面的に評価しているわけではない。

　日本語の「作為」と違い、中国語の「作為」は、実は「業績」や「貢献」の意味である。だから、中国人は「作為」の「有る」ほう、つまり「有作為」のほうを評価するのだが、文字面にとらわれないで事態の核心部分だけを考えれば、日本人も別に業績や貢献がないほうがいいというわけではない。したがって、究極のところ、価値観の問題というよりも文字面の「作為」が「作為」しているようだ。

趣味

(日) しゅみ syumi

(中) ちゅううぇい qùwèi

　日本にいると、よく「趣味」は何かと聞かれる。一時期そのことばを聞くやいなや、いやな気分になっていた。といっても、別に変わった趣味を持っているから、聞かれたくなかったというわけではない。むしろこれといった「趣味」がないので、聞かれるたびに困ってしまったのだ。

　中国語の「趣味」と日本語の「趣味」は全く違うわけではないが、少なくとも、それを使って叙述する対象は同じではない。例えば、２人の人間の人生観などが同じであることを中国語では「趣味相投（趣味相投じる）」と言うが、人生観のことを日本語ではまず「趣味」とは言わないだろう。一方、日本語の「趣味」は読書やスポーツ観戦などの具体的なものまで指すが、この日本語の「趣味」に対応する中国語の言い方は「愛好」であり、「趣味」ではないのだ。

　そして、日本語の「趣味」は日常的によく使われることばであるのに対し、中国語の「趣味」は古典の名残のような感じをもっているところも異なる。上述の「趣味相投」や「低級趣味」なども、これを理解できない中国人は少ないものの、実際に使う人となると決してそう多くはないのだ。

㊐ しんれい sinrei
㊥ しんりん xīnlíng

心霊

　日本語で「心霊」と言えば、まず連想するのは「心霊現象」。テレビでもこの種の番組が頻繁に放送されているので、日本に来たばかりのときは、「これだけ科学技術が進んでいる国なのに、どうして？」と不思議に思っていたが、数年見ているうちに、だんだん好きになってしまった。

　それはともかく、例えば中国に観光に行って、新聞やらで「心霊美」という文字を目にした時には、「ははあ、中国でも「心霊現象」が多いのだな」などと早合点をしないでいただきたい。中国語の「心霊美」というのは、1980年代に中国政府が打ち出した国民性改善のためのスローガンである「五講四美」の一か条だ。「五講」とは、「文明(教養)、礼貌(礼儀)、衛生、秩序、道徳」の5つを重んじることで、「四美」とは「心霊(心)、語言(言語)、行為、環境」の四種類を美しくすることだ。その「四美」の冒頭に来ているのが、「心霊美」なのだ。心が美しくなって初めて、「言語」、「行為」それから「環境」の美が可能だという発想のようだ。

　「心霊現象」の好きな方には申し訳ないが、迷信を打破するというのが中国の政府の立場だから、中国の新聞やテレビなどで「心霊」に触れたくても、まず無理というものだ。

手芸

日 しゅげい syugei
中 しょういー shǒuyì

　日本語を勉強していない中国人が日本語の書物を手にすると、すぐに飲み込めることばもあれば、いくら考えてもピンと来ないのもある。例えば「手」から始まることばで考えれば、「手段」「手腕」などが前者の例で、「手沢」「手沢本」などが後者の例だ。「手沢」は長く持っていたためにそのものについた手の油のつやのこと、「手沢本」はそのようなつやのついた本のようだが、日本語を勉強していない中国人どころか、三十数年もの日本語学習歴をもつ私でさえ、「手沢」や「手沢本」などを初めて目にしたとき、いくら考えても何が何だか全く見当がつかなかった。

　ほかにも、こんなことがある。ぱっと見ると納得したような気がするが、前後の脈絡を踏まえてより丁寧に読んでいくと、かえって戸惑ってしまうケースだ。例えば「手芸」などがそれに当たる。「手芸」という２文字を見れば、なんとなく意味が取れたと思いたくなるが、「手芸教室」となると、多くの中国人は首をかしげてしまう。中国語の「手芸」は、大工や左官或いは鍛冶職人などの仕事の腕前のことであり、こういったことの勉強は現場でするものなので、いくらなんでも教室のイメージとかけ離れているからだ。

　この中国語の「手芸」に対して、日本語の「手芸」は、刺繍や編み物など手先を使ってする作業のことなので、当然「手芸教室」という言い方も成り立つ。しかし、この場合は、「hand」全体を指すはずの「手」が指先に限定されてしまっているので、なんとなくちぐはぐな気がするものだ。

書

日 しょ syo
中 しゅー shū

　「書」と言えば、中国でも日本でもいかにも文化的な匂いが漂う感じだが、その匂いの出所を突き止めていくと、中国の「書」と日本の「書」とでは、中身がかなり違っていることが分かる。

　中国語の「書」は日本語の「本」のことだ。「本」を読むという行為は、中国語では昔も今も変わらずに「読書」という。すなわち、文化的な匂いは「本」から出ているのだ。一方、「書評」「書店」「書物」というように、「書」のこの意味は日本語でも継承されているが、ただ「書」の1字だけになると、日本語では「本」というよりもまず毛筆で書いた字のこと、つまり「書道」の「書」を指す。

　昔は、パソコンどころか、ペンすらなかったので、そもそも書物という書物は全部毛筆で書かれていたのだ。そこで、「書」という字は、毛筆で書くという行為そのもの、書かれた字、その字からなる本など、複数のことを指していたのだが、コンピュータ版まで作れるようになってしまった今日となってみれば、それぞれの意味に対して表記が分化したのは当然の成り行きだと思われる。そして、その意味で言えば、「書」は日本語のように毛筆の字を表すのにとどめ、Book のことを「本」と呼ぶのが合理的かもしれないが、かといってこのやり方を中国語に簡単に広げられるものではない。なぜなら「本」はすでに中国語ではBook を数える助数詞として使用され、日本語の1冊、2冊の「冊」の意味を持っているからだ。

収集

(日) しゅうしゅう syûsyû

(中) しょうじー shōují

　端くれではあっても、私も一応研究者だから、学術情報の収集から研究データの収集まで、毎日「収集」と背中合わせに暮らしている。そのため、「収集」ということばにはかなり愛着を持っている。しかし、日本で生活を始めてからその愛着はいくらか薄らいだ。日本語の「収集」に、ちょっと「変わった」用法があることに気づいたからだ。

　情報や資料の「収集」に加えて切手や硬貨の「収集」、書画や骨とう品の「収集」など、多くの場合、日中両言語の「収集」の意味は重なる。しかし、中国語にはない用法を日本語の「収集」は特別に持っているのだ。ごみの「収集」という場合の「収集」だ。

　中国語の「収集」の対象は普通価値のあるもの、有用なものに限られており、むろん、ごみは入らない。確かにごみといっても、ビンや缶、古新聞や雑誌などは再利用する価値があるが、こういったものに関しては中国語では「回収」ということばを使う。一方ビニール袋などはリサイクルできるどころか、処分する際にダイオキシンとかいう人体によくないものまで発散するので、中国語では「清理（きれいに片づけること）」か「処理（処分すること）」の対象にしかならない。ところが、日本語ではこういったものに対しても「収集」と言うのだから、私の「収集」に対する愛着が弱まってしまったというわけだ。

　もっとも、日本語でも「収集家」という場合の「収集」の対象には、さすがに「ごみ」は含まれない。でも、この場合は、中国語では「収集家」ではなくて、「収蔵家」となる。価値あるものは「集める」だけではなく、きちんと保存もしなければならないからだ。

空手

（日）からて　karate
（中）こんしょう　kōngshǒu

　「握手」「挙手」「凶手」、「助手」「選手」、「着手」「徒手」「妙手」など、何かと「〜手」という単語がたくさんあり、こういった類の単語を眺めていると、中国と日本とは実に「同文」なんだなと驚嘆する（もっとも「同種」というのは「うそ」で、「同文同種」云々は、ある特定の時代に特定の目的のために作られたことばだ）。

　しかし、「空手」となると、「同文」ではあっても、意味がまるで違う。日本語の「空手」は武術の一種だが、中国語の「空手」は「空いた手」、つまり手に何も持たない、「手ぶら」の状態をいうことばだ。日本語の「空手」にも、かつてはこの種の意味があったようだが、今ではそのように使われることはまずない。ただ、武術の名前ではあっても、槍も刀も、弓も矢も手に持たない「手ぶら」の状態で戦う拳法のことだから、本来「手ぶら」の意味の「空手」が、武術の名称に「昇進」したのではないだろうか。

麻雀

- 日 まーじゃん mázyan
- 中 まーちゅえ máquè

　最初に日本に来て、麻雀クラブを見たとき、唖然とした。中国の小さい町や村には鳩クラブ（？）があり、また、都会では限られた空間を利用して、ホオジロ、十姉妹などを飼ったりはしているが、「麻雀（＝スズメ）」を飼い、そのためのクラブまで作ることはちょっと考えにくい。というのは、体つき、羽毛の色、鳴き声のどれから考えてみても、「麻雀」は平凡で、ごくごくありふれた鳥だからだ。

　日本の「麻雀」は、本当はスズメではなくてマージャンのことだが、マージャンならば中国語では「麻将」という。もっとも、詳細な考証は今後を待たなければならないが、どうもかつては中国でもマージャンのことを「麻雀」と言っていたようだ。というのは中国のマージャンも索子の1はスズメの形で現されているし、「麻将」の「麻」という字が使用されている理由も、「麻雀」との関連以外では説明できないからだ。つまり、中国語の「麻」という語には、植物のアサ、痺れる感覚、斑点のある模様の3つの意味がある。だが、「麻雀」をおいては、どの意味も直接マージャン牌と関係を持てない。そこで、一番自然な解釈は、マージャンの索子の1がスズメの模様であることから、マージャンのことを最初に「麻雀」といい、それがそのうちに、「雀」の発音と「将」の発音が似ていること、戦同様の賭け事だから「将」が必要という意識から、ついに「麻雀」よりも「麻将」と呼ばれるようになったのだ。

風俗

- 日 ふーぞく hûzoku
- 中 ふぉんすう fāngsú

「風俗」の「風」は「風土」、「俗」は「習俗」だから、「風俗」は本来土地土地の人々の生活習慣をいうことばだ。古代の上流夫人の間に流行していたお歯黒も「風俗」だし、平安時代に栄えていた夜這いも「風俗」だ。現代で言えば、端午の節句に男の子のために鯉のぼりを立てるのも、人が死ねば土葬ではなくて火葬場で焼くのも「風俗」に違いない。

ここまでは中国語でも同じだが、「風俗産業」や「風俗営業」となると、中国人は困惑し、理解に苦しむことになる。風俗の原義にこだわって詮索していくと、「風俗産業」はもしかしたら鯉のぼりのようなものを作る「産業」、「風俗営業」はもしかしたら火葬場関係の「営業」ではないかなどと言いそうなものだが、もちろんそれは大間違いだ。

それにしても、なぜ性に関連した業界のことを「風俗」と言うのだろう。俗っぽいイメージが強いから、「風俗」と呼ばれるようになったのだろうか。

野花

(日) のばな nobana
(中) いぇふぁ yěhuā

野にいる鳥が「野鳥」で、野に咲く花が「野花」だ。「野鳥」の「野」は「や」、「野花」の「野」は「の」というように、両者の間に音読み訓読みの違いはあるが、意味は等しい。

中国語の「野花」も、第一の意味はこうした野生の花のことだが、派生義があって面白い。中国語には「家花不如野花香」という言い方があるが、この意味がお分かりだろうか。解説すると、「家禽」に対して「野禽」があるように、「家花」は「野花」に対応することばだ。「不如」は、「百聞は一見に如かず」の「如かず」で、「～には及ばない」の意。「香」は「いい香りがする」こと。総じて言えば、「家花は野花ほどいい香りがしない」ということだ。だが、ここで問題になっているのは、単なる花の「家」か「野」かの違いではない。

実は、「家花」は妻、「野花」はその辺にあまたいる魅力的な女性たちのことなのだ。いくら愛しい妻が家にいても、男は往々にしてほかの異性に惹かれてしまうことは、こちらでも同じだろう。だが、どうやら日本語には、このような美しい表現は残念ながらなさそうだ。

もっとも、魅力を感じるのと行動に出るのとは別物で、中国語には更に「門外的野花不可採」という言い方があり、要は「外の野花は採るべからず」ということだ。いいにおいをいっぱい嗅ぐのは大いに結構だが、分別のない行動に出てしまうと、「家花」までなくしてしまうので、慎むべきだ。

⑦ 「交際」の「心得」は「遠慮」と「我慢」

複雑怪奇な人間関係の巻

暗算

(日) あんざん anzan

(中) あんすわん ànsuàn

　日本語の「暗算」は、紙などを使わないで頭でする計算の意味で、その反対語は「筆算」だ。この種のペアはもちろん中国語にもあり、実際「筆算」は中国語でも同じ綴り。ただし、「暗算」になると、これに対応する中国語は「口算」と「心算」と２つあるのだ。「三三が九、三四十二」のように声に出して計算するのが前者で、声を出すどころか、口を一切動かさずにひたすら頭でするのが後者だ。この２つのことばの使い分けを普段中国人はそんなに細かく気にしているわけではない。

　しかし、中国人の発想の中では、「暗算」となると、全く別問題だ。「暗算」も立派な中国語の一単語ではあるが、これは声を出すか出さないかというレベルの話ではない。そもそも「計算」することではないのだ。「だまし討ち」、つまり、ひそかに企んで人を殺す、または陥れるといった意味なのだから。

　それゆえ、日本では上手に暗算できる人は尊敬に値する存在となるが、中国語でいう「上手に暗算できる人物」は決して敬うべき存在ではないのだ。

（日）えんりょ enryo

（中）ゆえんりゅう yuǎnlǜ

遠慮

中国語に「人無遠慮、必有近憂（人遠き慮りなければ、必ず近き憂い有り）」というのがあり、「先のことをよくよく考えておかないと、必ず目の前に思いがけない憂いが起きる」という意味だ。ついつい目先のことにとらわれて、将来のことに目を向けないタイプの人を諫めることばで、その逆の行動パターンは「深謀遠慮」と言う。

「深謀遠慮」は日本語でも同じ意味だが、しかし、「遠慮」だけになると、日本語の「遠慮」は、他人に気を使って言動を控えめにすることだから、古典からのその変身振りは大変なものだ。もっとも、このように思うのは、中華料理を食べて育った私だけのことかもしれない。先々のことを考えて大志を立てるよりも、まず現在身を置いているところでの人間関係を大事にするほうが先決であるというのが日本文化の一部だとすれば、「遠慮」の対象が遠い先のことから卑近なところに変わったのも頷けよう。

温存

(日) おんぞん onzon
(中) うぇんつん wēncún

　中国語の「温存」は人、ことに異性に対して大変優しいという意味。これに対して、日本語の「温存」は、「決戦に備えて兵力を温存する」あるいは「体力を温存する」のように、何かを使わないで大事に保存しておくことだ。そして、このような意味の違いは、どうも二つの言語の文法的性格に由来しているようだ。中国語ではことばが二つあれば、まず「主語＋述語」という図式で捉えられ、従って、「温存」は「温かみが存在する」ことであり、「思いやりがある」や「やさしい」のような意味になる。

　一方、日本語では「副詞＋動詞」という図式での理解が優先されるらしく、そのために、「温存」は「暖かく（大切に）保存する」ということになるようだ。この二つの言語の特徴は、例えば広島風お好み焼きの別名である「広島焼き」のようなことばにも表れている。「広島焼き」は「副詞＋動詞」の構造で、つまり「広島風に焼く、広島風に焼いて作るもの」のことだが、中国人がこの綴りを見ると、例の原爆被害のイメージも手伝って、十中八九は「広島が焼失した」と捉えてしまいそうだ。

日 がっさん gassan
中 ふーすわん hésuàn

合算

　話し言葉では通じない中国人と日本人とが、ビジネスの話を筆談でまかなっている場面を想定してみよう。この場合、もし中国人が紙に「合算」と書いたら、それを見た日本人は手元の数字をもう一度「合計」してみるだろう。

　日本語の「合算」は「全部合わせて計算する」ことだから、「合算」という字を見た日本人はもう一度数字を全部計算しはじめるわけだが、一方で、この大変まじめな行為が中国人を不愉快にさせてしまう可能性が大いにある。というのは、中国語の「合算」は「算に合う」、つまり「算盤勘定が合う」という意味だからだ。自分が採算が取れていると言ったのに、相手にまた改めて計算されたりすると、まるで信用されていないことになるのだから、不愉快になるわけだ。

　なお、上では「合算」を見れば日本人は「合計」するということを書いたが、実はこの「合計」も曲者だ。日本語の「合計」には「全部合わせて計算する」意味しかないが、中国語の「合計」は日本語の「合計」に相当する意味以外に、「考えてみる」、「相談してみる」という意味を持ち、例えば「両個人合計合計」というのは「2人で検討してみる」ということだ。ちなみに、この場合の2つの「合計」は別に印刷のミスではなくて、中国語では動詞を2つ重ねて「〜してみる」の意味を表すのだ。

活躍

（日）かつやく katuyaku

（中）ふぉゆえ huóyuè

日本語の「活躍」は「あのあやしい歴史時代に活躍した女傑神功皇后」のように、目覚ましく活動し、大いに手腕を振るうことを言う。中国語の「活躍」にもこのような意味がないわけではないが、日常的な話し言葉では、むしろ人のキャラクターを表現するのに使われ、「活発」、「社交的」に近いニュアンスを持つ。

だから、日本語では人を褒め称えることばとして、「非常な活躍ぶり」というのがあるが、このようなほめ言葉を見ても、中国人はそれほど喜ばない。なぜかというと、性格的に非常に活発だと言われても特に嬉しくはないからだ。

このように、中国語の「活躍」は「活発」、「社交的」といった意味と、「大いに腕を振るう」意味を共に所有しているようだが、これは偶然なことではないだろう。鋭い弁舌を振るう諸葛孔明であれ、天上天下を自由自在に行き来する孫悟空であれ、どれもこれもキャラクターとしては「活躍（活発）」そのものだ。そもそも大「活躍」していた中国の英雄豪傑の中で、「活発」、「社交的」ではないタイプはいないのではないか。日本と違ってそういうお国柄だ。

ⓘ がまん　gaman
ⓒ うぉまん　wǒmàn

我慢

　思い出してみると、このことばを最初に習ったのは大学
2年生の頃のようで、その時点から特別な愛着を感じてい
た。何しろ、走るのも宿題をやるのも遅い自分のことだか
ら、習っている外国語にこのようなことばがあってくれた
ことは、実にありがたかった。と、ここまで読まれても、
何のことやらさっぱり分からない読者が多いかと思われる
ので、ここらで種明かしをしよう。実は、中国語では「我」
は「私」のこと、「慢」は「遅い」の意味だから、「我慢」
はほかでもなく「私は遅い」ということなのだ。

　日本語の「我慢」は「辛抱強く耐える、こらえる」の意
味で、「私は遅い」ということとは全く関係がないのだが、
しかし、なぜ「我」と「慢」の2つの漢字の結合が「耐え
る」「こらえる」の意味になったのだろうか。「我」は日本
語でも「我流」のように、自分を指して言うし、「慢」は「緩
慢」ということばがあるように、「速くない」ということだ。
この「我」と「慢」の2字を結びつけて、「耐える」「こら
える」という意味を生じさせた背景には、もしかしたら「や
ることなすこと何もかもが遅い」というタイプの人に、「耐
える」「こらえる」大切さを悟らせるということわりが隠
されているのではないかと深読みしたくなる。

工夫

(日) くふう　kuhû

(中) ごんふ　gōngfu

　何かをやっていて、十分な成功を収められなかった際に、「工夫」が足りなかったと言えば、中国人にもある程度理解してもらえる。このことから、日本語の「工夫」と中国語の「工夫」は似ていると考えがちだが、実情はそう甘くない。

　日本語の「工夫」はいろいろと頭を働かせてよいアイデアを得ようとする意味のようだが、中国語の「工夫」は何よりもまず「時間」を指す。例えば、「3日間」のことを「3天（天＝日）工夫」と言うし、「暇がない」ことを「没（没＝ない）工夫」と言う。そして、「あのとき」のことは「那（那＝あの）工夫」だ。

　中国人だって、何かを完全に仕上げる場合は時間をかけてやらなければならないので、中国語の「工夫」には努力の意味もある。したがって、冒頭の「工夫が足りない」という言い方を中国人がある程度理解可能なのは、「工夫」という語を「努力」として捉えたからのことであり、一種のまぐれ当たりだと言わなければならない。

交際

（日）こうさい　kōsai
（中）じゃおじー　jiāoji

　「交際」ということばは、中国語でも日本語でも人間関係について使われるものだが、しかし、人間関係のこととてさまざまあり、中国語の「交際」と日本語の「交際」の指すところは必ずしも同じではない。

　どちらかというと、日本語の「交際」は惹かれ合って愛し合う異性間の付き合いを指すのだから、分かりやすい。一方、中国語の「交際」は、そのような、精魂のこもった、人間同士の本音の部分の「付き合い」ではなく、世間を渡っていくための建前の類のものだ。例えば、「付き合いがうまい」ということを中国語では「会（善）交際」と言い、「付き合いが下手だ」ということを中国語では「不会（善）交際」と言う。さらに言えば、社交ダンスのことは中国語では「交際舞」で、「社交界の花形」は中国語では「交際花」になる。もちろん、中国語の「交際花」は女性に限られるが、それは別に珍しいことではない。おそらくどの国でも男は「花」にはなれず、「草」か「葉っぱ」程度のものだろう。

心得

(日) こころえ kokoroe
(中) しんどう xīndé

「心得」は「心得る」という動詞の連用形ではあるものの、「医術の心得」、「武家の心得」のように、それだけで名詞として立派に使われている。一方、中国語にも「心得」という単語があり、「何かについて心から納得する」という意味の基本的な部分は日本語と同じだが、その「何かについて」の「何か」が別物になる。

日本語の「心得」は、集団の一員としてその身分にふさわしい行動をするための要諦のようなもの。一方、中国語の「心得」は、雲の上の存在の言説を学んで体得したものを意味する。1960年代から1970年代にかけて、中国では神と崇められた毛沢東の語録を学習するブームが起こり、この時代には「心得」は大変よく使われた。

立場を変えて言えば、中国語の「心得」は聖人の言説に対する凡人の理解のレベルのことなので、どうしても「心得」ができなければ、仕方がないやつだと周りから諦められる程度ですむが、片や、組織の存在意義や信頼にかかわる日本語の「心得」は、そんなに甘いものではない。例えば高城修三の書いた芥川賞受賞作の『榧の木祭り』の中に、「不心得者は手足をもぎ取られて片輪になるか、下手すりゃ喉笛掻っ切られるぞ」という1節があるが、村八分が盛んに行われていた昔には、心得がない者に対してこういった残酷な仕打ちがあったのも、まんざら嘘ではないようだ。

⊕ しんじゅう sinzyû

⊕ しんじょん xīnzhōng

心中

「心中」の文字通りの意味は、「心の中」だ。伝統的な東洋文化では「心」は感情や思考をつかさどる臓器で、「私は心中ひそかにこう思った。」(山口瞳『酒呑みの自己弁護』)のような小説の地の文における「心中」がその使用例だ。

しかし、このような「心中」に対して、日本語にはもう1つの「心中」がある。『曽根崎心中』の「心中」だ。この「心中」は愛し合っている男女、あるいは家族が、将来への希望を失って一緒に死ぬことで、正真正銘の伝統的な日本文化の一部だが、外国人にとっては理解しにくい行為だ。

中国語の「心中」は「心中」であって、「心中」ではない。愛する人が死んだのを追って死んでいくといった純愛物語はないわけではないが、愛し合う人同士の「心中」には価値を認めず、ことに子供を先に殺しての「家族心中」に至っては、その残酷さのあまりに憤りまで感じてしまう。どうしても養いきれない子供がいれば、養子に出すというのが中国人のやり方で、「残留孤児」のことでよく知られているように、中国人は自分に子供がいなければ、よく他人の子をもらって育てたものだ。

もっとも、戦争のときに、人の子供を2人も3人も育てられた日本のあるご婦人の話を聞いたこともあるので、中国人だけが人情深いと言うつもりは毛頭ない。言いたいのは、日本語の「心中」、ことに「無理心中」「家族心中」などは中国文化になじまず、中国語の「心中」は「心の中で」という意味しかないということだ。

投身

- 日 とうしん tôsin
- 中 とうしぇん tóushēn

　中国の寺院は、大抵(たいてい)赤や緑でカラフルに塗られているが、日本の寺院は普通は建材のままの自然な色で、枯淡で渋い。美意識が違うと言えばそれまでだが、両国の文化のこうした違いは、どうも「投身」ということばにも大きく投影しているようだ。

　日本語の「投身」はとにかく暗い。「投身自殺」という形以外にほとんど使うことがなく、使用例の1番多い書物は、多分松本清張さんの小説なのだ。

　これに対して、中国語の「投身」は「投身民族解放運動（民族解放運動に身を投じる）」、「投身国家建設（国家建設に身を投じる）」のように、理想に燃えて献身的に努力する行為を言い、日本語のそれとは対照的に、人の勇気や信念を駆り立てる明るいイメージのものだ。

（日）むしん musin
（中）うーしん wúxīn

無心

　芥川賞受賞作の池田満寿夫の『エーゲ海に捧ぐ』を読んでいたら、次のような「無」を「無分別」に使っている素晴らしい描写に出会った。

　「無知で無能で無感覚で、無関心で、無作で無為で無援で無学で無軌道で、無芸で無策で無残で、無自覚で無趣味で、無造作で無恥で無ちゃくちゃで無定見で無益で無責任で、そのくせに自分では無類のお人好しだと思い込み、無欲だと思い込み、無憤の芸術にいそしみ、無邪気で無心で、無視されることをおそれているくせに、無我の境地にいると信じ、無やみにオンナを欲しがり、無罪を主張し、無精卵のオンナが好きで、無断でオンナと寝、自分には無批判で、無力だからって哀願し、無欲だからって人の同情をあてにし、無限に生きていくつもりで……。」

　そこで、自然に中国語のことを連想し、これらの「無〜」の中で、1番中国語に通じにくいのはどれかと考えてみた。中国人に全く分からないのはおそらく「無残」だろうが、ただし、これは中国語にそもそもないので、誤解される恐れはない。誤解される可能性が最も高いのは、おそらく「無心」だ。中国語の「無心」は「意図的ではない」とか、「〜する気がない」といった意味で、「無心」の「心」は平たく言えば「意図性」なのだ。このような中国語の背景を踏まえて、上述の小説にある「無心」を理解すると、それは何もしたくないということになるが、もちろんこのような推測は正しくなく、『エーゲ海に捧ぐ』における「無心」は情趣を解する心がないということだ。

　しかし、それでもこの「無心」はまだましなほうで、より問題になるのは「金の無心」の場合などの「無心」だ。

返す気もないのに人に金を借りたり、ねだったりすることは、完全に意図的な行為なので、中国流に考えるとどうして「無心」というのか理解に苦しむが、それはともかく、その発生のプロセスを想像してみると、この「無心」はおそらく「心無きこと、思慮分別のないこと」といった「無心」の意味から派生してできたものだろうと思いたくなる。思慮分別がなくなると、人間は何でもするものだ。

用意

(日) ようい yōi
(中) よんいー yòngyì

　「用意周到」という言い方は、もちろん立派な日本語だが、日本語の全然分からない中国人もそれなりに理解できる。しかし、出張前の部下に対して、日本語で「用意周到」だなと褒めることは、会議の資料から着て行くスーツやティッシュに至るまで、何から何まで全て完璧に整えているという意味になるが、中国語しか分からない人には、このようなニュアンスは伝わらない。

　日本語の「用意」は支度、準備するの意で、それが「周到」だと言えば、支度や準備がきちんとできているということになるが、中国語の「用意」は意図やねらいのことだから、「用意、周到」と言われても、「みんなに配慮している」「気配りがいい」のようにしか理解してもらえず、準備が整ったことだとは全く思ってはもらえない。

留守

（日）るす rusu

（中）りゅうしょう liúshǒu

　「留守」の「留」は「留まる」の意、「守」は「守る」ことだから、「留守」の本来の意味は「留まって守る」ことだ。例えば皇帝が国を巡幸するときに、ある大臣が都城に留まって執務することが「留守」だし、現代では、大部隊が前線に出かけた際に、一部の兵隊が軍の本部に残って後方を守ることが「留守」だ。

　古代日本語の「留守」も、かつてはこのように使われていた。しかし、いつしか「不在」という事実と「在」という事実とを混同し、「留まって守る」、つまり「在」の意味の「留守」を使って、その反対の「留まっていない」という「不在」の状態を表すようになった。こうした混同を引き起こした原因の１つに、「不在」になる人と「在」になる人というように、主体が複数あることが考えられるが、ただ、より重要な原因は、やはり漢字に対する日本人の捉え方のほうにあると考えたいものだ。

　つまり、中国人にとっては、漢字は表意文字そのものでしかないが、日本人になると、その表意的イメージが大いに薄れ、表音までにはいかないにしても、一種の記号としか映っていない場合が多い。こうして、表意的機能が一旦薄れると、全く逆の意味に使われても抵抗感が全然ないので、現代日本語の「留守」の成立が可能になったのだ。

　ただ現代日本語の場合でも、本来の用法を残しているケースがある。例えば「留守番」、「留守役」のような複合語の場合だ。ただし、このような複合語の場合でも、「留守番」の「留守」は他人の「留守」で、「番」が残っている自分なのだと「間違えて」考えている人もいるかもしれない。

⑧

「告訴」を「勧告」、「裁判」で「処分」

山あり谷ありの社会生活の巻

活動

(日) かつどう katudô

(中) ふおどん huódòng

　「社会活動」、「科学活動」、「地下活動」といったように、中国人と日本人の間では「活動」は結構通じ合えることばだが、実は中国語の「活動」の意味合いのほうが、日本語よりずっと広い。例えば、ねじが緩んだ場合、中国語ではそのねじが「活動了（緩んだ）」のように言うし、じっと座ったまま仕事をしている人が1、2時間おきに立ち上がって、手を伸ばしたり腰を曲げたりして体を動かすことについても、中国語では「身体を活動させる」と言う。さらに、俗世界では避けられない、「自分の昇進や子どもの就職などのために運動する、誰かに頼み込んだりする」ことも中国語では「活動」なのだ。

　このように、中国語の「活動」は実に「活動的」だが、日本語の「活動」にもこれに負けずに、「就職活動（就活）」、「結婚活動（婚活）」というような言い方が見られる。でも、基本的に造語の一部として用いられているのであり、上述の中国語のように、他動詞や自動詞として用いられているわけではない。

(日) かんこく kankoku
(中) ちゅあんがお quàngào

勧告

　外務省のホームページには「渡航自粛勧告」というのが載っているし、総務省のホームページには「地方分権推進委員会勧告」というのが載っている。このように、日本語の「勧告」は書き言葉で、政治や行政の世界のことに関する文書の中でよく使われる。

　この「勧告」の意味を中国人が理解できないわけではないが、やはり何となく滑稽な感じがする。中国語の「勧告」は、家族や友だちのようなプライベートのつながりを持った人に対してアドバイスをする程度の意味しかないので、上述の「勧告」のような改まった使い方を目にすると、盛大なパーティで、ホストがままごと遊びのような小さなお猪口を手にして乾杯の音頭を取っているのを見たような気がして、何とも言えないちぐはぐな印象を受けるのだ。

　ちなみに、この種の「勧告」にぴったりの中国語の単語はなさそうで、その時々に応じて、「建議」や「要求」などが使われる。

結合

(日) けつごう ketugō

(中) じえふー jiéhé

　日本語にとって、漢語はあくまで外来語なので、たくさん取り入れてきたにもかかわらず、どうも血となり肉となることはないようだ。つまり、漢語のことばがある一方で、往々にして同一の意味を表す和語もあり、日常生活に密着した部分では結局和語のほうが使われる傾向があるからだ。例えば、「傾斜」という漢語のことばがある。これと同時に、和語では「傾く」「傾ける」などがあり、日常的には「屋根が傾く」「体を傾ける」などのように和語のほうが使われるが、「政策の傾斜」などという硬い表現の場合には漢語が使われるのだ。

　このことは「結合」という語にも当てはまる。中国語は「結合」の一語しか持たないのに対して、日本語には「結合」と同時に「結びつく」「結びつける」などがあり、そのために漢語の「結合」は、「銃の分解結合」、「動物体の結合組織」「肉体の結合」のように、日常的ではない事柄の表現にしか使われず、日常会話にはあまり登場しない。

　もっともそのような硬い書き言葉だけに限っても、日本語より中国語のほうがやや守備範囲が広いようだ。例えば、異性間のことに関して、日本語では「肉体の結合」のような用法が主だが、中国語では「肉体の結合」だけではなく、２人が法律的に正式に結婚することについても、「結合」ということばが使われるのだ。

結束

㊐ けっそく　kessoku

㊥ じえしゅう　jiéshù

「××党内の派閥の結束」程度のことならともかく、「革新勢力の結束」または「保守勢力の結束」といった新聞や雑誌の文言を目にすると、気になる人は多いだろう。実は、こういった文字列を見ても、中国人には何となく意味が取れるので、たとえそれが日本の新聞や雑誌であろうと、それなりに反応する人も多いかと思う。

ただし、その反応の仕方は全く逆だ。日本人は、「革新勢力の結束は革新勢力にとってよく、保守勢力の結束は保守勢力にとっていい」と考えるが、中国人はこれとは正反対に、「革新勢力の結束は保守勢力にとってよく、保守勢力の結束は革新勢力にとっていい」と考える。それは当然だ。中国語では、「結束」は「終結」の意味なのだから。

「結」は「結ぶ」ことで、「束」は「束ねる」こと。だから、日本語では「結束」は「団結」の意味になっている。ここでは、「結ぶ」の主体も「束ねる」の主体も人間だ。「結」は「結ぶ」こと、「束」は「束ねる」ことという次元では、中国語でも全く同じだが、しかし中国語の発想では、「結ぶ」と「束ねる」は人間ではなくて、人間の手に持っている道具か武器だ。すると、そのような道具や武器を「結び束ねてしまう」ことは、ほかでもなく仕事か戦が「終わる」、「終結する」ときのことだから、「結束」は「終わる」、「終結する」の意味になるのだ。

この理屈でいけば、「保守勢力の結束」とは、すなわち保守勢力が消えてなくなることだから、中国人が「保守勢力の結束は、革新勢力にとっていいことだ」と言うわけだ。

111

下落

㊥ げらく geraku

㊥ しぁるぉ xiàluò

　明治以降、欧化風潮の進展と共に、漢文学の素養は衰微の一途を辿ってきた。とはいえ、「春暁」という漢詩は、今でも大抵の国語の教科書に採用されていて、広く読まれているらしい。では、その１節にある「落花知多少」の書き下し文に慣れている日本人が「不知下落」を見ると、どんなイメージを頭の中に思い浮かべるのだろうか。おそらく「下落を知らず」と読んで、物価がなかなか下がらないことと解するだろう。

　物価のことも気になるが、それよりも犯罪がどんどん増えている昨今、「不知下落」しているのは物価ではなくて、その辺の女性や子供なのだ。日本語では「下落」は「下がる」の意であるが、中国語の「下落」は「下がって落ちて最終的に落ち着いたところ」ということから「行方」の意味。このところ、何人もの小、中学校の生徒がさらわれて行方不明になっているようで、その「行方不明」を中国語に直すと、まさに「不知下落」となるのだ。

（日）こうさく kôsaku
（中）ごんづむ gōngzuò

工作

　私は、というよりも、中国人のほとんどが「工作」をしたがる。事実大人になれば、「工作」はすなわち「生きる」ことだから、誰もがこれをせざるを得ない。ここまで読むと、そうか、中国の社会は「工作」をしないと全く渡っていけないのかと思われる方もおいでになるかもしれないが、それは「工作」を「裏工作」の意味で捉えた結果であって、残念ながら曲解だ。

　中国語の「工作」は、実はそんなに奥深いものではなく、いたって簡単。名詞としては「仕事、職業」、動詞としては「仕事をする」という意味だ。だから、大人にとっては「工作」は、「生きる」ことと同義なのだ。

　日本語の「工作」は、ある目的のために人に働きかけることのようだが、この意味での中国語はむしろ「活動」だ。ただし、日本語の「工作」に近い意味を全然持っていないというわけではなく、例えば、「地下工作」というのは、立派に中国語の一単語になっている。

　もっとも、日本語の「工作」は、簡単な道具を使って何かを作ることを教える小中学校の教科名としても使われることがある。このあたりになると、さすがに中国語とは全く無縁の話になってしまう。

拘束

(日) こうそく　kôsoku

(中) ごうしゅう　gōushù

　「拘束」は「自由」の反対だと言えば、中国人も日本人もそんなに異論を唱えないだろうが、中国式の「拘束」と日本式の「拘束」では、その中身が大きく異なる。

　日本語の「拘束」は、「時間的に拘束される」のような使い方であれ、「警察がその身柄を拘束する」のような使い方であれ、いずれも外的な力によって、身の自由を奪われることをいうが、中国語の「拘束」は、地位の高い人や片思いの相手の前で精神的なプレッシャーを感じて、緊張している状態を表す表現で、言い換えれば、内的な圧力によって自由がなくなることだ。

　普通は、どこに行ってもあたりをはばかることなく大声で楽しく談笑するのが中国人で、他人に迷惑をかけないようにと携帯もほぼマナーモードというのが日本人のイメージだが、この「拘束」ということばに限っては、中国人の自制力のほうが強いようだ。

交代

(日) こうたい kôtai
(中) じゃおだい jiāodài

「拘束」ということばに限って言えば、日本人よりも中国人のほうが自制力が強いように見受けられたが、今度の「交代」に関して言えば、「娘たちが交代で看病する」、「教師たちが交代で教える」のように、日本人の協力的な姿勢が垣間見える。

中国語の「交代」には意味が2つある。1つは「交代工作（仕事の引継ぎをする）」のような「引き継ぐ」の意。もう1つは「交代罪状（罪状を白状する）」のような「白状する」の意で、そのどちらも協力などとは全く繋がらない。

もっとも、日本語の「交代」は「交替」とも書くが、中国語では「交代」と「交替」では全然別の2つの語。「交代」は上述のように、「引継ぐ」や「白状する」のことであり、一方、「交替」は日本語の「交代・交替」と基本的に同じだ。つまり、中国人にもそれなりに協力性はあるが、その協力性は「交替」にあって、「交代」にはないのだ。

115

告訴

（日）こくそ kokuso

（中）がおす gàosu

　「猫食鼠」という漢文を書き下せば、「食」と「鼠」の語順が変わって、「猫、鼠を食う」になる。この種の教養を持っている人に「告訴部長」という中国語を見せると、その多くは顔をこわばらせてしまうだろう。漢文的に考えると、「告訴部長」は、「部長を告訴する」になるからだ。

　このように、日本語の「告訴」は法的手続きによって人を訴える意味だが、一方、中国語の「告訴」は何らかの情報を単に人に教えることでしかない。つまり、中国語の「告訴部長」は、何かをただ「部長に教える」だけなので、いさかいのようなマイナスイメージがないどころか、親しみさえ感じられるのだ。

　日本語の「告訴」に相当する中国語は「控告」で、中国語としての「控」の直感的なイメージはひたすら裁判沙汰そのものだ。もっとも、これに対して、日本語にも「控訴」というのがある。中国語の「控告」は、「控」に「告訴」の前の部分の「告」、それに対して、日本語の「控訴」は「控」に「告訴」の後ろの部分の「訴」を使っているようだ。せめてこの程度のことは、お互いに半歩譲り合って統一したいものだ。

鼓動

（日）こどう kodô

（中）ぐーどん gǔdòng

　「鼓動」という語は、「太鼓」の「振動」というのがその由来らしい。その意味で言えば、庄司薫の書いた芥川賞受賞作の『赤頭巾ちゃん気をつけて』にある「左足親指を本拠とする変な痛みが、例の西部劇でおなじみのインディアンの太鼓のような鼓動をもってからだ中に伝わってきた」という描写は堂に入ったものだ。が、それはともかく、現代日本語の「鼓動」は、普通は「心臓の鼓動」や「胸の鼓動」のように使われ、興奮や緊張による人間の感情の高まりをいう。

　しかし、例えば「心臓の鼓動」というのをそのまま「心臓的鼓動」と中国語に訳しても、感心はされない。意味が全然分からないわけではないが、こんな場合、中国語では普通、「鼓動」の代わりに「跳動」を使う。

　現代中国語の「鼓動」は、ある目標のために言辞を用いて群衆を奮い立たせる意味であり、由緒正しい。なぜなら、近代になってからは洋風の軍用ラッパが使われ始めたが、槍や大刀を使って戦っていた時代には、太鼓そのものが戦争開始の号令を発する道具であったとともに、戦をする将兵の志気を鼓舞するための重要な手段であったことから、「太鼓」をもって兵隊を「動かす」というのが「鼓動」の本来の意味だからだ。

　内向的な日本文化では、それを心にかかわる情調的な方面に生かしていったが、「以心伝心」的な協調性よりも、「説得」を徹底させて大衆に頑張ってもらう中国文化においては、かつて戦場に響いていた「太鼓の振動」である「鼓動」は、今でもその初々しい本来の姿で存在しているのだ。

建立

（日）こんりゅう konryû

（中）じぇんりー jiànli

　「建立」と言えば、日本では普通神社を建立するか、寺院を建立するかのどちらかだ。このように、日本語の「建立」の対象は神社や寺院のような超俗的なものに限られ、そのために、「建立」という行為自体にも厳粛な雰囲気が漂う。

　一方、中国語の「建立」の対象はむしろ「建立新的社会制度（新しい社会制度を打ち立てる）」、「建立友誼（友情を築く）」、「建立外交関係（外交関係を打ち立てる）」のように、俗世界一色。もっとも、別の角度から考えれば、この中国語の「建立」はもう日本語のそれとは違って、具体的動作というイメージが完全に消え、もっぱら抽象的な行為になっている。同じ漢字の綴りなのに、「具体的な聖」に対する「抽象的な俗」。ことばはこのように、時々私たちに変幻自在な姿を見せてくれる。

　では、仏教の寺院を建てることを中国語ではどう言うのだろうか。宗教が歴史の興亡の中で翻弄されてきた中国では、寺院もモスクも単なる建物の一種として捉えられてきたため、実は普通のビルディングと同じく「建造」や「修建」を用いるだけで、「建立」ということばは使われない。

裁判

(日) さいばん saiban

(中) つぁいばん cáipàn

　日本には「裁判官」というポストも「裁判長」というポストもあるが、中国には「裁判員」しかない。これだけ見れば、日本のほうが「裁判」を大事にしているというふうに思われそうだが、実は事情はそう簡単ではない。

　日本の「裁判官」や「裁判長」は、法に基づいて罪を裁く法の番人のことだが、中国の「裁判員」は、体育館や運動場などでスポーツの勝ち負けや反則の有無を判断する人のことだ。つまり、中国語の「裁判」は、あくまでも競技に関係する職業なので、日本語を知らない中国人は、「最高裁判所」は日本で一流の Judge が所属しているクラブではないかと勘違いしてしまうことさえありうる。

　日本語の「裁判」の意味は、中国語では「審判」という語が表している。一方、中国語の「裁判」は日本語では「審判」になるのだ。訴訟の世界と競技の世界とが混在している感じだが、いずれも戦う双方を客観的に注視して、その勝負の判定を宣言する性格を持つ職業だから、このような混同が成立したのではないか。

視察

㊐ しさつ sisatu

㊥ しーちゃー shìchá

　個人的なことで申し訳ないが、日本語の「視察」という語に初めて接したときは、かなり「動揺」した。大学生だった1970年代の話で、「友好の翼」で400人ぐらいの日本の観光客が上海を訪れ、その中の青年代表の1グループがうちの大学を「視察」に来ると言われたときに、その「動揺」が始まったのだ。

　中国語の「視察」は、指導的ポストにいる人がその管轄範囲内の機関や組織を訪れて査察する意で、だから、例えば今は亡き日本の田中元総理大臣が大学に「視察」に来るというのならば、別に何も感じない。しかし、観光客の若者何人かが来るということならば、「遊び」に来るとか、「見学」に来るとかいうべき程度のことで、それを「視察」に来るというのはいかにも「傲慢」だと思った。

　日本語の「視察」にも、中国語の「視察」が持っているような意味合いは含まれているが、どうも「見学」と同程度に使われるきらいがある。これは戦後の民主化の成果の1つであるかもしれないが、しかし、私の体験談から中国にお出でになる際には、このことばの使い方に気をつけた方がよいのかもしれない。格好をつけるつもりなど一切ないのに、言葉尻の問題でそのように捉えられてしまうのは、いかにも損だ。

（日）しょぶん　syobun
（中）ちゅーふぇん　chǔfèn

処分

　８年ほど前から使ってきたコンピューターで、深い愛着はあるが、何しろメモリーの容量から型式まで完全に時代遅れだから、先日ついに「処分」してしまったと誰かが言ったとしよう。このように日本語の「処分」は、普通要らなくなったものを始末するという意味で使われ、その対象はあくまで物だが、これとは違い、中国語の「処分」の対象は、どちらかというと物ではなくて人間なのだ。

　とは言っても、「姨捨山」のように、中国では役に立たなくなった年寄りを「処分」しているのではない。中国語の「処分」というのは、組織の規律などに違反した人たちを処罰することを指すことばだ。もっとも、このような意味は日本語の「処分」にもあるらしく、例えば「国外追放処分」、「休職処分」、「無期休学の処分」などと日本でも使われる。しかし、こういった用法はもっぱら名詞的用法にとどまり、例えば破れた靴下を「処分」するように誰かを「処分」したというような動詞的な使われ方は、日本語ではあまりしないのではなかろうか。

翻案

(日) ほんあん　hon'an

(中) ふぁんあん　fān'àn

　同じ漢字で書かれているにもかかわらず、なんとなく軽薄な感じを受ける日本語の「翻案」。これに対して、中国語の「翻案」は厳粛な行いであり、場合によっては悲壮感さえ漂う。もっともこのようなことを日本語の分からない中国人に語っても、また逆に中国語の分からない日本人に語っても、すぐには分かってもらえないだろう。

　日本語の「翻案」は、既成の作品の筋を生かしながら作り変えていくエンターテイメント的な作業で、室町時代のさまざまな草子文学から始まり、現在でも何種類もの『西遊記』や『三国志』が本屋さんの店頭を飾っている。作者どころか、その末裔もすでに分からなくなっている作品だからかまわないのだろうが、現代の作品をそのようにやれば、剽窃とまでは言われなくても、著作権の角度から許されるものではない。

　一方、中国語の「翻案」は、ある人に関するそれまでの判決や歴史的な評価を覆して新しい決定を下すことだ。それだけに、場合によっては人の命にかかわることから、当事者も、その成り行きを見守る支持者も、軽々しい気持ちではいられない。では、中国ではそんなに冤罪が多いのかと聞かれそうだが、国際的に比較できるデータが手元にないので、何とも答えられない。ただ、ここで言っておきたいのは、中国にはそのような風土があるということだ。中国では昔から当事者の地位の上下に関係なく、間違った判決だと思えば、上級の役所へ訴えて正してもらえる制度になっており、これが中国の歴史劇の多くが裁判沙汰であるゆえんだ。そのような中国の事情に慣れているために、江戸時代に領主を将軍に訴えて勝訴しても、主君を告訴した罪に問われたという話を聞いたときには、あきれると同時に、歴史の厳しさを知った。

⑨

「今朝」の「案件」は「手紙」の「格式」

何かとちぐはぐなもの・ことの巻

手紙

(日) てがみ tegami
(中) しょうちー shǒuzhǐ

　最近はメールに留まらず、チャットまで発達し、「手紙」と縁が薄い若者がどんどん増えている。それでも、一旦社会人にでもなれば、冠婚葬祭はともかく、それなりに正式な手続きが必要なことに関しては、やっぱり手紙を読み、そして書くだろう。しかし、社会人であれ、若者であれ、その「手紙」が中国では「トイレットペーパー」だと聞くと、驚かないはずはない。といっても、中国では人からもらった手紙をトイレットペーパーとして使っているということではない。中国語において、「手紙」という綴りが「トイレットペーパー」を指すだけのことなのだ。

　書状としての日本語の「手紙」も、「トイレットペーパー」としての中国語の「手紙」も、一種の「紙」であることには違いがない。つまり、面倒を引き起こしている張本人は、もっぱら「手」という漢字のようだ。中国語では、「手」の本義を用便の隠語として発展させている。例えば、トイレに行くことを「解手（手を解く）」と言い、小便という行為を「解小手」、大便という行為を「解大手」と言う。そこで、そのような用便の「手」のための「紙」だから、「手紙」すなわちトイレットペーパーになるのだ。

　一方、日本では「手で文字を書く」ということから、かなり古い時代から「手」を文字の代わりに使い、文字を習うことを「手習い」、文字を習う子供が「手習子」、文字を教える先生を「手習い師匠」と言っていた。そればかりではなくて、「女手」というのも女性の可愛い「手」ではなくて、女性の書いた字になるのだ。このように「手」は文字の意味として広げられたので、そのような「手」、つまり文字が書かれた「紙」は当然書状なのだ。

（日）せつわ setuwa

（中）しゅおふぁ shūohuà

説話

人の性格を表すのに中国語では「愛唱歌」や「愛説話」という言い方をすることがある。「愛」とは「愛好する」意だから、「愛唱歌」というのは「唱歌」を「愛好する」、「愛説話」とは「説話」を「愛好する」ことであるに違いないが、しかし、日本人の理解している「唱歌」と「説話」は、中国人の考えているものとはずいぶん違う。

日本語の「唱歌」は、主として明治時代から第二次世界大戦終了時まで学校教育用に作られた歌を指し、おおざっぱに言えば、演歌などと並んで歌の1ジャンル。一方、中国語の「唱歌」は「唱」と「歌」の2語からなり、「唱」は「歌う」、「歌」は「歌」なので、「唱歌」とは「歌を歌う」ことなのだ。

それでも、「唱歌」のほうはまだ中日両言語の意味が近いほうで、これが「説話」となると、全く違ったものになる。日本語の「説話」は神話、伝説などの総称で、古い時代の文学ジャンルの1つ。このような意味を中国語の「説話」も唐や宋の時代には持っていたが、現代中国語になると跡形もなく消え、今では「説」は「話す」の意で、「話」は「ことば」を意味する。だから、「説話」とは、つまり「話す」ことなのだ。したがって、人の性格としての「好説話」は「話すのが好き」ということなので、平たく言えば、ただの「おしゃべり」ということになる。

工事

(日) こうじ kôzi

(中) ごんしー gōngshi

　三十数年前に最初の日本留学が実現したとき、Ｍ市に下宿していた。ある夕方、いつもどおり自転車に乗って家路を急いでいると、道路の片側に電灯に照らされながら、安全帽に制服姿で働いている数人の労働者の姿が目に留まった。道路の改修をやっているのだろうと、おおよその見当はついていたが、好奇心もあって自転車を止めて現場をのぞくと、地下１メートルほどに据えつけられている下水管の交換作業が行われていた。

　こちらが暫くのぞいていたら、せっせと働いている労働者の１人が振り返って、にこっと笑った。寂しい留学生活の中で、そのやさしい微笑みが大変ありがたく感じられ、心が和んだ。そのとき、そばに置かれている「工事中につき、……」という看板がふと目に入り、「工事」という文字と作業現場の実際の様子とのずれがおかしくて、思わず笑ってしまった。

　日本語の「工事」は土木、建築作業のことをいうが、中国語の「工事」は塹壕やトーチカなどの防御施設のことを指す。年齢的に戦争を経験することはなかったが、戦争映画をよく見ていたために、頭の中にはいろいろな「工事」のイメージが貯蔵されていた。そこで、深さ１メートルぐらいの下水道の濠に中国語の「工事」のイメージを重ね、自ずと愉快になったのだ。

ちなみに日本語の「工事」に対応する中国語は「施工」で、「工事現場」は「施工現場」という。

工程

(日) こうてい　kôtei
(中) ごんちゃん　gōngchéng

インターネットで中国の高等教育事情を見ると、「××工程学院」といった言い方がやたらに目につく。あなたはどう思うか。まあ、何かの「工程」についての単科大学だろうと納得するのではないか。

中国から留学生がやってきて、たまたま話題がそのお父さんの職業に及び、日本語がまだ十分でない彼が「工程師」と書いてくれたら、あなたはどんな職業をイメージするだろうか。まあ、何かの「工程」についての「先生」なのかなと思うだろうか。

また、つい最近まで、日本の財団や協会などが中国の「希望工程」を援助していた。では、この「希望工程」とは何かと聞かれると、さすがに頭の回転の速いあなたも、今度こそお手上げなのではないだろうか。

日本語の「工程」は作業の手順、また生産過程を多くの段階に分ける必要がある場合のその個々の加工段階をいうが、この意味を表す中国語のことばは「工序」で、つまり加工の順序だ。中国語の「工程」は技術的にたいへん複雑で、しかも大型のプロジェクトや工事をいう。だから、上述の「××工程学院」は「××工科大学」、「工程師」はエンジニア、そして「希望工程」は「ホーププロジェクト」ということになる。

もっとも、この「ホーププロジェクト」については、もう少し説明を加える必要がある。中国の一部の農山村では、貧しいがゆえに学校に行けない子どもがまだたくさんいて、その子どもたちの就学を援助する政府主催の全国的な事業が「ホーププロジェクト」だ。子どもが中国の未来を担う「希望」であり、難しい大規模な事業は「工程」に匹敵するから、「希望工程」と名づけられたのだそうだ。

情報

(日) じょうほう zyôhô

(中) ちんばお qíngbào

21世紀はグローバルの時代で、情報化の時代。いろいろな大学に情報学部や情報学科が新設され、私の親友の1人も最近そのような情報関係の学部の所属になった。

しかし、事実はそうでも、例えば中国のレストランで紹興酒を2、3杯空けて、自分は「情報工作」をしていると言うと、周りからじろじろ見られるだろう。中国語の「情報」はもっぱら「軍事情報」のように、国家の機密や安全にかかわることで、「情報工作」をしているというのは、すなわちスパイ活動をやっていると理解されるからだ。

日本語の「情報」に対応する中国語のワードは「信息」だ。日本語の「学部」は中国語の「系」、日本語の「学科」は中国語で「専業」と言うので、「情報学部」、「情報学科」は「信息系」、「信息専業」となるのだ。

愛情

日 あいじょう aizyô
中 あいちん àiqíng

　芥川賞を受賞した小説をぱらぱらめくっていると、手に負えない女子生徒に対する教師の「愛情」、父親に対する娘の「愛情」、姉弟間の「愛情」、同僚の間の「愛情」、さらにペットの犬への「愛情」など、さまざまな「愛情」物語が登場する。こういう話を日本人にすれば、そういういいテーマだから芥川賞に輝いたのだろうと言いそうだが、中国人が聞くと、エッ、日本はそんなに乱倫の国なのかと目を丸くしてびっくりする人も大勢いるだろう。

　日本語の「愛情」は、広い意味での「愛」を指すことばとして使われているが、中国語の「愛情」が指す範囲は狭く、男女間の恋情に限られる。そのために、中国人には、女子生徒に対する教師の「愛情」も、父親に対する娘の「愛情」も、姉弟間の「愛情」も、同僚の間の「愛情」も、ペットの犬への「愛情」もいずれもご法度だから、芥川受賞作でこうしたテーマが公然と取り上げられていると聞けば、不思議がるのである。

案件

- 日 あんけん anken
- 中 あんじぇん ānjiàn

「案件」ということばを紙に書いて、相手に知っているかと聞くだけなら、その相手が中国人であれ、日本人であれ yes という答えが戻ってくるだろう。これは「重要案件」と書いた場合も同じだ。さらに一歩進んで、「外交案件」「予算案件」などの日本語を中国人に見せて、その表情を伺ってみると、「えっ」と最初は少し不思議がるが、「あ、そうか」と徐々に納得した表情になっていく。一方、「刑事案件」「民事案件」などの中国語の単語を日本人に見せると、事情は全く違ってくるのだ。

中国語の「案件」は「事件」という意味だ。そのために、日本語の「外交案件」「予算案件」を見ても、「外交関係の事件」、「予算をめぐっての事件」のように理解してしまう。それに対して日本語の「案件」は、処理されるべき事柄、あるいは議題とされるべき事柄だ。だから、「刑事案件」「民事案件」などの中国語を目にしたとき、日本人はその意味が飲み込めずに、目を丸くしてしまうのだ。

「案」というのは、昔は机の意味。古代中国の役人たちが「案」の前に座って仕事をしたので、その処理を要するさまざまな問題が「案件」というわけだ。日本語の「案件」はこの意味を忠実に継承しているが、かといって、中国語の「案件」も別にいわれのないものではない。実際、古代中国の役人たちが処理していた問題は、ほとんどが訴訟関係だったから、「案件」は基本的に「事件」そのものだったのだ。

だが、日本語の「案」が「アイデア」、または「考える」という意味で広がっていることは面白く、「勘案」「考案」「思案」「妙案」「腹案」「思案」などの単語は中国人には全く通じない。「草案」「提案」などは中国語にもなっているが、これはもっぱら明治維新後に逆輸入されたもののようだ。

恰好

(日) かっこう　kakkō
(中) ちゃはお　qiàhǎo

　「恰好」ということばは、何となく好きではない。理由はごく簡単で、本人が生来愚鈍で、格好いいことが何１つできないからだ。でも、本当に嫌っているのは日本語の「恰好」で、中国語のそれではない。

　中国語の「恰好」は「ちょうどそのとき」の意味。例えば、食事を終えてレストランのレジの前に立ったときに、財布を持っていないことに初めて気づき、顔を真っ赤にするやいなや、一緒に食事した親友のＡ氏が、気前よく「福沢諭吉」を出してくれたなどという正にその瞬間に、中国語の「恰好」は使われる。いや、これでは嫌いどころか、私はむしろ大好きだ。

　ともあれ、なぜ同じ漢字なのに、２つの「恰好」がこれだけ意味がずれているのかということに話を戻すと、「恰」は「ちょうど」、「好」は「よい」の意だから、中国語では「ちょうどよいときに」という意味で使われ、日本語では、ジャストタイミングは洗練されていて粋だという意識から「体裁がちょうどいい」というように捉えられたのではないか。

機関

(日) きかん kikan

(中) じーぐゎん jīguān

「国家機関」「行政機関」のような四字熟語でやり取りするならば、問題はなさそうだが、中国人が「機関」に勤めていると言うと、聞く側の日本人はぽかんとして、何のことやらさっぱり分からなくなる。

ある目的を達するために設けられた組織を、中国人も日本人も「機関」という。しかし、中国語の「機関」は「役所」の意味にもなる。だから、「機関」に勤めているというのは、つまり省庁や県庁に勤めているホワイトカラーであって、工場などで働いているブルーカラーではないということだ。

といっても、そのような物言いをしている中国人が別に威張っているわけではない。かつての毛沢東の時代では、工場や農村、または軍隊の第一線で働くほうが光栄なことだったし、今ではどちらかというと、むしろドルがもらえる「外国企業」に人気があるようだ。要するに、昔も今も中国の「機関」に勤めているということは、日本の大蔵省勤めなどとは本質的に違うので、そのような言い方を聞いたからといって、尊大なやつだと憤慨する必要はない。

格式

(日) かくしき kakusiki
(中) ぐーしー géshi

　中国人に「格式」という２文字を見せるだけなら、別に不思議そうな顔をする人はいないだろう。しかし、例えば一緒に旅館に泊まったときに、「この旅館は、なかなか格式があるなあ」と言うと、旅館に格式って何？と今度は首をかしげてしまうはずだ。

　中国語でも日本語でも「格式」は一種の様式だが、日本語の「格式」は身分や家柄、またはそれによって定められた人間活動の作法であるのに対して、中国語の「格式」は公文書や書簡などの文章類の形式といった意味だ。

　こういった違いに気づき、日本人は中国人に対して「中国はさすがに李白や杜甫を生んだ文章の国だ」、中国人は日本人に対して「日本はさすがに身分を重視する礼儀の国」などと言うと、お世辞もほどほどにしろと言われるかもしれないが、まんざら全く当たっていないこともない。文章の国の話はともかく、中国ではここ百年余りの間の後を立たない戦争や革命によって、家柄意識やそれにふさわしい作法というものは跡形もなく消えた。したがって、「格式」ということばにその用法がないだけではなく、そもそもそのようなことを表すことば自体が、現在は使う必要がなくなってしまっているというのが実情だ。

　それに対して、日本では明治維新や第二次世界大戦はあったが、いずれも天皇を頂点とする階層の秩序を根底から覆すようなものではなかった。だから、現在でも「格式」ということばが生きているのだ。

縁故

（日）えんこ enko

（中）ゆぇんぐー yuángù

　　日本語の「縁故」には、「①血縁や縁戚などの縁続き、②人と人との関わり合いやつて、③理由」の３種類の意味があるが、中国語の「縁故」は３番目の「理由」の意味しか持たない。そのために、「この島には全然縁故がない旅行者」のような綴りを中国人が目にしたときには、日本人はいちいち理由を考えて旅行するのかと思ってしまうし、逆に「縁故が有っての就職」を見た場合には、「理由が有っての就職」と言っているのだから、本当はまだ就職したくないのかななどと、的外れの勘が働きそうだ。

　　それよりも、日本語の「縁故」に、なぜ上述のような一見ばらばらの３つの意味が同居できるのか。知らない人とおおらかに付き合っていくよりも、仲間同士、以心伝心で共に努力することを好む日本文化では、「血縁、縁戚などの縁続き」、または「人と人との関わり合いやつて」が、多くの場合には何かのきっかけ、つまり「理由」になるのだから、三者が同居したのだろうか。

（日）かくしん　kakusin
（中）ふーしん　héxīn

核心

　「核」は果実の中心部で、「心」は人間や動物の1番大事なところだ。したがって、「核心」が1番大事なものを意味することは、ごく自然だ。だが、日本語の「核心」は「思想の核心」、「問題の核心」、または「謎の核心」のように、あくまで物事の大事な部分の意味でしか使われない。それに対して、中国語における「核心」は、むしろ人間を指すのがその主な用法だ。例えば中国共産党の指導者たちのことに関して、毛沢東は1代目の「核心」、鄧小平は2代目の「核心」、江沢民は3代目の「核心」、そして、現在の習近平は4代目の「核心」とよく言われるが、この場合の「核心」を日本語に直すなら「中核」であって、「核心」にはならない。

　もっとも、中国語の「核心」は主に人間を指すものの、物事にかかわる用法もあり、例えば、日本語の「問題の核心」は「問題的核心」のように、「の」を「的」に変えるだけで、立派に中国語の言い方になる。つまり、中国語の「核心」の1語に対して、日本語では、人間を表す「中核」と物事を現す「核心」の2つが用意されているということになるが、これはもしかしたら偶然ではないかも。第一、日本語というのはすごく人間か物事かにこだわることばのようで、例えば美しい女性が視界に入り、目を楽しませてくれているときは、美人が「いる」と言うが、その方がいずれ亡くなれば、今度は死体が「ある」と言うようになるではないか。

一代

(日) いちだい　itidai
(中) いーだい　yīdài

　西鶴の『好色一代男』に最初に接したときに、大きな誤解をした。「一代」を中国語風に「世代」と解釈したので、日本のどの時代にとりわけ好色な世代があったのかと一刻も早く知りたかったことがあった。ところが、実際作品を読み進めてみると、それはただ主人公である世之介1人の色欲生活の一生を綴ったもので、ある世代の人たち全体についての話ではないことが分かった。それがきっかけで、日本語の「一代」には「一生」の意味があるということを知り、勉強にはなったが、期待が外れてやや寂しかった。

　中国語の「一代」は、基本的に「世代」という意味だ。だから、「戦後世代」は中国語では「戦後的一代」であり、「団塊世代」は中国語では「団塊的一代」となる。ちなみに、こうした場合の「的」、つまり中国語の単語である「一代」の前の「的」は日本語の「の」の意味に相当するものであり、日本語の「基本的」、「比較的」のような漢語語彙の後につく「的」とは違う。

日 けっきょく kekkyoku
中 じぇじゅう jiéjú

結局

　日本語を何週間か習った中国の人に、「結局はだめ」と書いて見せてみよう。「～は」も「だめだ」も知っている彼、或いは彼女は、十中八九「誰の結局、だめ？」と聞いてくるだろう。「誰の結局？一体何が言いたいの？」と、今度はこちらが戸惑ってしまうことになる。

　「局」は碁や将棋の一勝負のことで、「結」は「終結」、「結末」のように最後の意味を表す。そこで、「結局」の基本的な意味は、日本語では碁や将棋の「最後の一局」ということになる。この「最後の一局」という意味から、上述の「とどのつまり」としての「結局」の用法が生まれ、現在まで使われているのだろう。

　一方、中国語でも「局」は碁や将棋の一勝負のことで、「結」は最後の意味を表す。そして、「最後の一局」の意味として「結局」を使うことも論理的にできないことはない。ただし、実際には中国語の「結局」は、「最後の一局」というよりは「最後の局面」としての意味に傾き、とどのつまり、人間の結末、末路として使われることになった。そのために、「結局はだめ」という言い方を見ると、上述のように「誰の結局、だめ？」と日本語を少ししか知らない中国の人は聞くわけだ。

　このように、本来意味が同じである「結」と「局」の２つの漢字が違う土地でくっついて１つの単語を作ると、何らかの因縁で結局は違う「結局」になってしまうのだ。

今朝

（日）けさ kesa

（中）じんじゃお jīnzhāo

「今朝」といえば、「きょう」の「あさ」。「今」は「現在」、「朝」は「あさ」だから、「今朝」は「現在、つまり今日の朝」であるしかない。確かに、「朝」を「あさ」と捉えれば、この理屈は十分に通用する。それに、中国語でも「朝三暮四」のように、「朝」は「あさ」の意味を持っているので、中国人もこのような捉え方にはついていける。

一方、中国語の「朝」には「あさ」の意味があると同時に「一日」の意味もあるので、この「一日」の意味で解釈すれば、「今朝」は「けさ」ではなくて、「今日」のことになる。中国の親父たちが飲む場合に、よく「今朝有酒今朝酔、明日愁来明日愁（今日酒があれば今日酔い、明日愁いが来れば明日愁える）」という人生訓（？）らしきものを口にするが、この場合の「今朝」はほかでもなく後者、つまり「今日」の意味だ。

もっとも、中国語の「今朝」はもっと広い時間帯を指すこともある。例えば、まもなく攻めてくる敵を迎え撃つときに叫ぶ「男児報国在今朝（男児が国に報ずるのは今だ）」というケースにおいては、「今朝」は「今現在」のことだ。

したがって、中国に行って、寝坊したいからとうっかり「今朝、飯、不要」と書いてドアに掛けると、朝ご飯だけでなく、３食とも食べそこねる恐れがあるから、注意が必要だ。

⑩

「完璧」は「無理」でも「便宜」は「一流」

不情理な基準による属性・評価の巻

一流

(日) いちりゅう　itiryû

(中) いーりゅう　yīliú

　「一流企業」や「一流大学」のように、「一流」はトップランクの意で、ランクが低い場合は「三流」や「末流」などという。このあたりは日本語でも中国語でも同じだ。

　しかし、日本語には「江戸っ子一流の揶揄」、「やつ一流の詭弁」のような言い方があり、この場合の「一流」は「独特」の意味になる。しかし、「江戸っ子一流の〜」と言うのならまだよいが、三流の絵描きの絵を指して「これは彼一流の描き方だ」と言うと、中国人はその人のものを見る目を疑ってしまうだろう。中国語の「一流」は、あくまでトップランクの意味での「一流」だからだ。

　もっとも、トップランクを指す「一流」になるのは生易しいことではなく、それに対して、「江戸っ子一流の〜」の「一流」、または「大阪人一流の〜」のような「一流」には、わりあい楽々となれるから、横並び意識の強い日本文化においては、このほうが合理的な言い回しかも。

完璧

(日) かんぺき kanpeki

(中) わんびー wánbì

「潔癖な人は完璧主義者だが、潔癖性のある人はやや病的だ」と、「完璧」ということばをこんな感じで使うなら、みんな理解できると思う。しかし、「完璧」というのが「完璧帰趙」という故事から来たことばだという話になると、今の日本で本当に知っている人はぐっと少なくなるのかもしれない。

「璧」は玉の一種で、「趙」というのは中国の戦国時代の国の1つだ。趙の国王が「和氏の璧」という宝玉を持っているのを、強国の秦の国王が聞き、15の町と交換したいと申し込んできた。秦が実際には15の町を渡すつもりがないことは明らかだが、かといって、真っ向から断って強い秦に攻撃されてしまっては、たまったものではない。そこで、大臣の藺相如が「和氏の璧」を持って秦の国王に謁見し、たっぷり知恵を働かせてその貪欲な心を封じ、宝玉を疵1つ作ることなく趙に持ち帰ったので、「完璧帰趙」という故事が生まれたのだ。

したがって、本来の「完璧帰趙」というのは、大物の知恵や見識をたたえるものだが、現代日本語の「完璧」は、欠点がなく立派だと言っているだけだ。日本は歴史的に、外国とのあつれきが比較的少なく、職人としての腕を磨いていればいい飯が食えるお国柄だから、強敵と付き合うための知恵や計略よりは、物の良さのほうが大事なのだろうか。

なお、中国語では、このことばは「完璧帰趙」という言い回しで使うことしかなく、「完璧」だけでは何の意味にもならない。したがって、もしコンピューターの画面にこの単語だけが現れたら、何らかの理由で一部の文字が抜け落ちてしまったのだろうと中国人は思うのだ。

神妙

（日）しんみょう sinmyô
（中）しぇんみゃお shénmiào

　中国の「鬼」と日本の「鬼」は全然違うが、「神」となると、それほど変わらない。いずれもフェアで、慈悲深くて、また変幻自在な神通力を持つ存在だ。そして、その変幻自在な神通力ということから、中国では「神奇」、「神妙」のようなことばが生まれ、日本語にも入ってきた。しかしながら、現代日本語では「神奇」はほとんど使われなくなり、「神妙」は使われてはいるものの、意味が大きく変わった。「神奇」も「神妙」も、本来どちらも神業のように不思議だという意味だが、今の日本語での「神妙」は「すなおで、おとなしい」ことになってしまったのだ。

　あるとき、司馬遼太郎の名著『坂の上の雲』を手にして大いに感心し、空腹も忘れて一目十行の速度で読み進めていたのだが、次の1節にある「神妙」のところまで来ると、はたと目が釘付けになってしまった。

　「やがてお律がもう一度出てきたときは、別人かとおもわれるほどにとりすました顔になっていた。武家ことばで神妙にあいさつをし、真之を招じ入れた。奥四畳に通ると、子規が臥ている。」

　取り澄ました顔で、しかも丁重な武家ことばであいさつするのだから、当然人を惑わすようなあいさつの仕方ではないはずだ。では、なぜ「神妙に」と書いてあるのだろうと、当時はその理解に相当苦しんだ。ことばの意味の変遷は当たり前のことだが、それにしても「神妙」の「変幻自在」という意味が、まさか「すなおで、おとなしい」にまで変化してしまったとは、想像すらできなかった。

便宜

Ⓙ べんぎ bengi
Ⓒ ぴぇんいー piányi

　「中国便宜日本貴」という中国語をぱっと見たとき、何
があなたの頭の中を一瞬掠めただろうか。「よく報道され
ているように、中国では人と人との「関係」を重視するから、
少々法を無視しても知り合いのために「便宜」を図ること
が多いのかな。一方、日本では比較的法を守ることが多い
から、「貴い」のかもしれない」と、思った方もいるだろう。
だが、残念。完全に的外れだ。中国語の「貴」は「高い」、「便
宜」は「安い」の意であり、「中国便宜日本貴」というのは、
物価についていえば、中国のほうが安く、日本のほうが高
いというだけのことだ。ただ、近年は中国の大都市の物価
は上がる一方で、お金持ちは日本のほうが安いと、電気製
品などを買うために、大挙して来日している。時代が変わ
れば、世相も変わるものだ。

　ちなみに、「便宜を図る」の「便宜」を中国語に直すと、「方
便」になるし、それから「便宜主義」の「便宜」は、中国
語の「臨時」か「姑息」にでも訳すべきだろう。かといって、
日本語の「便宜」と中国語の「便宜」とが全然繋がらない
かというと、そうでもなさそうだ。八百屋さんがお得意さ
んに便宜を図って野菜を安く売れば、日本語の「便宜」は、
たちまち中国語の「便宜」になるではないか。

無理

（日）むり muri

（中）うーりー wúlǐ

「無理」の文字通りの意味は、言わずもがな、「理がない」ということだ。したがって、もし中国人の「理」と日本人の「理」が全く同じものならば、もう一切厄介なことなど起きないのだが、残念ながら現実はそんなに甘いものではない。

日本語の「無理」は「無理をする」、または「無理な」「無理だ」のように使うが、ここで使われている「理」という漢字は、どうやら自然の摂理のことを指しているようだ。つまり、この場合の「理」というのは、体力、知力、ないし財力的にバランスが保たれている状態で、その状態を崩して限度を超えたことをやるのが「無理」なのだ。

一方、中国語の「理」は人倫道徳の「理」で、ことの是非にかかわるものであり、理不尽、不当といった感情を表すときに「無理」が使われる。例えば、中国語でよく使われる四字成語に「無理取闹」というのがある。これは、非があるにもかかわらず悟らないこと、あるいは非があることを自覚していながら、故意に人に罪をなすりつけたり、人を責めたりする行為をいうときに使われることばだ。

「理」という字は同じなのに、その指示対象がこれだけ違っているのは、各々の文化における価値観と関係があるのではなかろうか。

黄色

(日) きいろ　Kiro
(中) ほぇんすー　huángsè

　赤、橙色、黄色、緑などの七色は、太陽の光がスペクトルに分かれたときに際立って見えるものだ。こういった色というのは、一見文化とは無関係のように思えるが、実は国や民族の違いによって、高貴とされる色と、そうでないものとがはっきり分かれてくる。

　日本では、どうも紫色がよい。歴史的には皇族の衣装の色に使われ、皇后は「紫の宮」と呼ばれていた。一方、中国では黄色が1番貴い。何しろ絶対的な支配者であった皇帝の住居、服飾、用具などは、基本的に全てが黄色一色なのだ。例えば北京にある景山公園の築山の頂に登ってみれば、故宮の屋根が太陽に照らされて黄金色にまばゆく輝くのが見えるだろう。感受性が強いあなたは、その夜、間違いなく黄金の世界の夢を見るに違いない。

　しかし、だからといって、中国人に対して、私は「黄色」が好きだなどと言ってはいけない。これは、何もあなたが中国の皇帝になりたいと企んでいると疑われるからではない。現代中国語の「黄色」には、別の意味があるからだ。昔、アメリカで俗受けを狙った新聞の多くが黄色い紙を用いたことから、日本でも一時「黄色新聞」ということばがあった。この黄色のイメージが中国語に入り込み、今日中国語で「黄色」といえば、性的なイメージ、つまりポルノを指すようになったのだ。

一層

(日) いっそう issô

(中) いーつん yīcéng

「白日山に依りて尽き、黄河海に入りて流る。千里の目を窮めんと欲して、さらに上る一層の楼」。この王之渙の有名な漢詩『登鸛鵲楼（かんじゃくろうに登る）』は、日本でも広く知られているが、しかし「一層の楼」の「一層」については、今の若い学生たちはどこまで理解できているのやら。

中国語では「一層」は、構造的に1単語ではなく、「一つの層（階）」という意味だ。「一」は具体的な数を表し、「層」は「枚」や「匹」などと同じ助数詞で、重なっているものの数を表す単位として使われる。一方、日本語の「一層」は「一層の努力」や「一層の注意」のように、「一」と「層」がまとまった一単語として使われて、「程度が一段と増す意味」を表すのが主流のようだ。が、それゆえに、「一層の努力」や「一層の注意」のような綴りを見て、「層」を抽象的な動作を数える助数詞と、中国人が誤解してもおかしくない。

もっとも、最近の日本語では「一層」という漢字の代わりに、もっぱらひらがな表記の「いっそう」のほうを使うので、誤解の心配は杞憂かもしれない。

（日）けっこう kekkô
（中）じぇごう jiégòu

結構

　「この文章、結構、良い」という文を日本語を全然知らない中国人に見せて、「意味、分かる？」と聞くと、ほとんどの人は頷いてくれるだろう。でも、あてずっぽうに推測できたのは、「この文章、良い」という輪郭の部分で、「結構」という単語についての理解も問題なかったかというと、答えはノーだ。

　日本語の「結構」は「かなり」の意味。したがって、「この文章、結構、良い」というのは、すなわち「この文章はかなりいい」でしかありえないが、中国語の「結構」は「構造」、「ストラクチャ」のことだから、同じ文を実は中国人は「この文章は（表現はそれほどでもないかもしれないが）構造がいい」と理解しているのだ。

　日本語の辞書を紐解けば、そのほとんどが「結構」の項目に、中国語と似た「建物や文章などの構造」といった説明を載せているが、日常生活においてそのように使われることはどうも少ないようだ。それはともかく、そもそもなぜ「構造」という意味だった「結構」が「かなり」の意味を持つようになったのかと聞きたくなるが、その答えは「結構」難しいのかもしれない。

得手

- 日 えて ete
- 中 どうしょう déshǒu

　人にはみな、得手不得手がある。これは古今東西同じだ。日本語の「得手」は、得意なものやその人の強みを表すのに使われるが、これに対して中国語の「得手」は、「何かを思いどおりに成し遂げた」ことをいう。

　ただし、中国語で「思いどおりに成し遂げた」ことを表すこの「得手」は、ほめ言葉ではない。例えば、大地震の後で、不眠不休の救援活動を続けた結果、予想以上にたくさんの人を救えたり、日ごろたゆまぬ努力を積み重ねて、いい業績をあげたりしたことをいう場合には、「得手」は使わない。「得手」の領分は、手に入れたかった異性をゲットしたとか、賄賂プラス媚を使って、上司に懸命に取り入って昇進を果たしたなどという、「事がうまく運ぶ」といった意味をカバーしているのが普通だ。だから、同じ「得手」でも、私は日本の「得手」のほうが好きだ。

旧版のあとがき

　この本は、眼下に広がる別府湾の青々とした海に想いを寄せながらまとめたものです。ある時は、海辺の小道を散歩しながら、またある時はAPU（立命館アジア太平洋大学）の研究室で窓ガラス越しの静かな海原に目をやりながら、構想を練りました。

　私の現在勤めているAPUには、別府湾に関門海峡や豊後水道を通って太平洋の全域から波が寄せるがごとく、アジア太平洋地域を中心に60数ヵ国から教員や学生が集まってきています。キャンパスを歩けば、様々な国の言語や異なった皮膚の色、伝統的な民族衣装に身を包んだ学生達に出会い、多様なサウンドがキャンパスに響き、小さなAPUはまるで大きな世界が凝縮された「盆栽」のようです。

　2000年の春からこの「盆栽」に身を置くようになりましたが、視野が日増しに開け、精神までが浄化、昂揚したような気がしました。日々、文化の多様性に感銘を受けると同時に、その中で改めて漢字文化の意味を考えさせられました。今世界で漢字を使う国は中国と日本の二カ国しかありませんが、片方が私の生まれ育った母国で、もう片方がその言語、文化を研究の対象としている親近感を覚える国です。漢字文化圏という言葉の意味を角度を変えてとらえる必要が生じているのかも知れませんが、私には何よりもまず漢字の辿った光と影、同と異をとらえたい強い衝動に駆られ、その最初の一歩としてこの小さな本をまとめることにしました。中日両国で「同形異義」の漢字を130程度選び出し、その言葉について余り堅苦しくならないよう読物風に書き下ろしています。母語を中国語とする日本語学習者や母語を日本語とする中国語学習者の方はもとより、

一般の読者の方にも気楽に本書をひも解いていただき、漢字っておもしろいなと興味をもっていただけたら筆者の望外の喜びとするところです。

「まえがき」は、尊敬する大先輩の慈道裕治先生が綴ってくださいました。また、APU の先輩・同僚の大橋克洋先生、木村一信先生、中西一正先生、松本芳行先生には、お忙しい中で草稿に目を通していただき、貴重なアドバイスをいただきました。こうした先生方との友情があってこの本が出来上がっています。この他に、仲上健一先生をはじめ、多くのAPUの方々にお世話になりました。ここに心から御礼を申し上げたいと思います。

この小さな本を、20数年の長い年月にわたって温かく見守って下さっている宮地裕先生の傘寿にささげたいと思います。1月14日が先生のご誕生日であり、先生がこれからも益々お元気でいらっしゃることを祈っております。また、旧友の中杉隆夫先生にも上梓に当たってお世話になりました。中杉先生は20年前の1984年4月に私が当時勤めていた山西大学に赴任して来られて日本語教育を2年間担当されていました。本書にはこうした20年の永きにわたる友情にも捧げたいと思います。

最後になりましたが、出版に際しては、くろしお出版の福西敏宏さん、斉藤章明さんに一方ならぬお力添えをいただきました。芸術家タイプの福西さんのおかげでこの本の魅力が大いに増し、こだわり派の斉藤さんのおかげで、この本が大変読みやすくなったと思っています。深く感謝を申し上げます。

2004年1月14日

索引

あ
愛情　129
愛人　2
案件　130
暗算　92

い
一代　136
一流　140
一層　146
一品　24
隠居　21

え
得手　148
縁故　134
遠慮　93

お
大家　20
女将　19
鬼　9
温存　94

か
外人　8
階段　35
街道　39
快楽　63
顔色　47
覚悟　64
格式　133
核心　135

脚気　46
恰好　131
合算　95
活動　108
活躍　96
我慢　97
空手　87
下流　72
可憐　67
勧告　109
感染　49
灌腸　28
完璧　141

き
黄色　145
機関　132
生地　52
吃音　51
牙　43
希望　56
脚　44
教頭　14
教養　69
疑惑　57
緊張　58

く
工夫　98
公家　10
嘴　42
靴　32
靴下　33

熊手　30

け
刑事　16
境内　37
経理　17
怪我　50
今朝　138
下水　29
結局　137
結構　147
結合　110
結束　111
下品　71
下落　112
元気　48

こ
交際　99
工作　113
工事　126
拘束　114
交代　115
工程　127
呼吸　53
告訴　116
心得　100
鼓動　117
建立　118

さ
妻子　3
裁判　119

151

作為 81	大丈夫 5	翻案 122
作風 73		
猿股 31	**て**	**ま**
	手紙 124	麻雀 88
し	出口 38	
自覚 59	天井 36	**む**
視察 120		無心 103
収集 86	**と**	無理 144
舅 6	湯 27	
姑 6	投身 102	**め**
修行 79	得意 60	迷惑 62
手芸 84	泥棒 22	
出世 80		**や**
趣味 82	**ね**	野菜 26
書 85	猫背 45	
小生 18		**ゆ**
丈夫 4	**の**	湯 27
情報 128	野花 90	床 34
書記 11		
処分 121	**は**	**よ**
心中 101	馬鹿 74	用意 105
親切 68		
神妙 142	**ふ**	**り**
心霊 83	風俗 89	料理 25
	風流 70	
せ	不覚 61	**る**
清楚 66		留守 106
説話 125	**へ**	
先生 12	便宜 143	
先輩 15	勉強 78	
た	**ほ**	
大家 20	保守 75	

◆著者紹介◆

張 麟声（ちょう りんせい）

大阪府立大学教授 文学博士

略歴

1956年中国山西省生まれ。

立命館アジア太平洋大学教授を経て、2004年4月1日から現職。

主な著書

『新版中国語話者のための日本語教育研究入門』,日中言語文化出版社,2011年9月.

『中国語話者のための日本語教育研究入門』,大阪公立大学共同出版会,2007年5月.

『日中ことばの漢ちがい』,くろしお出版,2004年5月.

『日本語教育のための誤用分析──中国語話者の母語干渉20例』,スリーエーネットワーク,

2001年10月.

《汉日语言对比研究》,北京大学出版社(中国),1993年11月.

新版　日中ことばの漢ちがい

2016年1月15日　初版第1刷　発行

著　者：張　麟声

発行者：関谷 一雄
編　集：山木 眞理子
装　丁：泉屋 宏樹
イラスト：ふえるたんぽのあんなちゃん
　　　　　さと ゆみ
発行所：日中言語文化出版社
　　　　〒531-0074
　　　　大阪市北区本庄東2丁目12－6－301
　　　　TEL：06-6485-2406　FAX：06-6371-7168
印刷所：有限会社扶桑印刷社

© Tyou Rinsei 2016, Printed in Japan
ISBN978-4-905013-09-9
●乱丁・落丁はおとりかえいたします。本書の無断転載・複製を禁じます。